Personal Laboral de Ayuntamientos, Diputaciones y demás Corporaciones Locales

Enero, 2024

Curso

*La diferencia entre aprobar
y sacar plaza*

Personal Laboral
de Corporaciones Locales

Accede a tu **Curso MAD360** y disfruta de los siguientes recursos:

- Preguntas de test online.
- Técnicas de Memoria 360.
- Temario en formato digital.
- Vídeos y esquemas.
- Planificación de estudio.
- Actualizaciones legislativas de este temario (Boletines Oficiales).
- Foro entre opositores.
- Guía del Curso.
- Recursos y novedades exclusivas.

Para acceder al Curso MAD360* será necesaria la compra de todos los libros para esta especialidad de la edición 2024.

Valida los códigos que encuentras en la última página de tus libros y disfruta de la experiencia MAD360.

Infórmate en: mad.es/registro-campus

NOTA IMPORTANTE:

* El acceso al CURSO MAD360 estará disponible desde enero de 2024 (algunos recursos podrían estar disponibles en fecha posterior). Tendrá una duración de 365 días, desde la validación de códigos, o hasta el 31 de marzo del 2025, lo que se cumpla antes.

MAD se reserva el derecho a ampliar dichas fechas.

Personal Laboral de Ayuntamientos, Diputaciones y demás Corporaciones Locales

Simulacros de examen

ELENA GARCÍA FERNÁNDEZ
Licenciada en Derecho

© 7 Editores Recursos para la Cualificación Profesional y el Empleo, S.L. (7 Editores)
©La autora
Primera edición, enero 2024 (240 páginas)
Derechos de edición reservados a favor de 7 Editores
IMPRESO EN ESPAÑA
Diseño Portada: 7 Editores
Edita: 7 Editores
Avda. San Francisco Javier, 9 · Edificio Sevilla 2 · Planta 11 · Módulos 25-27 · 41018 Sevilla
Teléfono: 954 784 411 · WEB: www.mad.es · e-mail: administracion@7editores.com
ISBN: 978-84-142-7872-7
© "Editorial Mad" y "Eduforma" son nombres comerciales registrados de
7 Editores Recursos para la Cualificación Profesional y el Empleo, S.L.

Índice

SIMULACRO N.º 1

1. Señala la afirmación correcta sobre la estructura del texto constitucional:

a) La vigente Constitución Española consta de un preámbulo, ciento sesenta y nueve artículos, cuatro disposiciones adicionales, nueve transitorias, una denegatoria y una final.
b) El Título Preliminar contiene la parte orgánica de la Constitución.
c) El articulado de la Constitución se agrupa en once títulos, además del preámbulo y las disposiciones adicionales, transitorias, derogatoria y final.
d) Solo el Título I tiene varios capítulos.

2. El artículo 9.3 CE recoge importantes principios jurídicos entre los cuales se encuentran:

a) El principio de legalidad, la jerarquía normativa, la publicidad de las normas.
b) La indisoluble unidad de la nación.
c) La libertad, la justicia, la igualdad y el pluralismo político.
d) El derecho a la autonomía de nacionalidades y regiones.

3. El derecho de petición contenido en el artículo 29 CE (Señala la afirmación falsa):

a) Se reconoce a todos los españoles a título individual o colectivo, sin excepciones.
b) Los miembros de las Fuerzas Armadas solo pueden ejercerlo de forma individual.
c) Comprende todas las peticiones graciables.
d) Solo puede solicitarse por escrito.

4. ¿Cuáles son los principios que, conforme a la CE, "informarán la legislación positiva, la práctica judicial y la actuación de los poderes públicos", pero solo podrán ser alegados ante la Jurisdicción ordinaria "de acuerdo con lo que dispongan las leyes que los desarrollen"?

a) Los contenidos en el capítulo tercero del Título I.
b) Los incluidos en la sección primera del capítulo segundo del Título I (art.15 al 29).
c) Los de b) y además el artículo 14 y el 30.
d) Todos los recogidos en el Título I.

5. ¿Cuál de los siguientes derechos queda comprendido dentro de la libertad sindical según el artículo 28 de la Constitución Española?

a) El derecho de un ciudadano a afiliarse a un sindicato.
b) El derecho de un ciudadano a fundar un sindicato.
c) Ambos quedan comprendidos.
d) Ninguno de ellos.

6. De las proposiciones que se citan, señala aquella que no es fundamento del orden político y de la paz social:

a) Los derechos inviolables que le son inherentes.
b) El derecho a una confesión religiosa.
c) La dignidad de la persona.
d) El libre desarrollo de la personalidad.

7. ¿Cómo se interpretarán las normas relativas a los derechos fundamentales y a las libertades que la CE reconoce? Señala la proposición incorrecta:

a) De conformidad con la Declaración Universal de Derechos Humanos.
b) De conformidad con los tratados internacionales sobre las mismas materias ratificados por España.
c) De conformidad con el Consejo de Estado y las declaraciones del Consejo de Ministros.
d) De conformidad con los acuerdos internacionales sobre las mismas ratificados por España.

8. Señala la respuesta incorrecta relativa al derecho de petición:

a) Todos los españoles tendrán el derecho de petición individual y colectiva.
b) Este derecho se efectuará en la forma y con los efectos que determine la ley.
c) Los Cuerpos sometidos a disciplina militar podrán ejercer este derecho tanto individual como colectivamente.
d) Los miembros de las Fuerzas o Institutos armados sometidos a disciplina militar podrán ejercer este derecho con arreglo a lo dispuesto en su legislación específica.

9. De acuerdo a lo establecido por la Constitución Española de 1978:

a) Las abdicaciones y renuncias y cualquier duda de hecho o de derecho que ocurra en el orden de sucesión a la Corona se resolverán por una ley orgánica.
b) Las abdicaciones y renuncias y cualquier duda de hecho o de derecho que ocurra en el orden de sucesión a la Corona se resolverán por una ley ordinaria.
c) Las abdicaciones y renuncias y cualquier duda de hecho o de derecho que ocurra en el orden de sucesión a la Corona se resolverán mediante la reforma constitucional.
d) Las abdicaciones y renuncias no se contemplan en la Constitución Española.

10. ¿Cuál de las siguientes no es una función asignada a la Corona, de acuerdo a los artículos 62, 63 y a las menciones que le confiere el art. 56.1 de la Constitución Española?

a) Ejercer el derecho de gracia.
b) Manifestar el consentimiento del Estado para obligarse internacionalmente por medio de Tratados.
c) Declarar la guerra y hacer la paz, con refrendo posterior de las Cortes Generales.
d) Acreditar a los embajadores.

11. Si las Cámaras exigen una explicación del contenido de una petición, ¿Quién está obligado a dar dicha explicación?

a) El partido político correspondiente.
b) El Presidente del Congreso de los Diputados.
c) El Presidente del Gobierno.
d) El Gobierno.

12. Para proceder a una iniciativa legislativa popular, se exige al menos:

a) 50.000 firmas acreditadas.
b) 10.000 firmas acreditadas.
c) 500.000 firmas acreditadas.
d) Depende del contenido de la iniciativa.

13. ¿De cuántas Salas se compone el Tribunal Supremo?

a) De cuatro: civil, penal, contencioso-administrativo y social.
b) De cinco: civil, penal, contencioso-administrativo, social y militar.
c) De seis: civil, penal, contencioso-administrativo, mercantil, social y militar.
d) Ninguna es correcta.

14. ¿Dónde tiene su sede la Audiencia Nacional, según el artículo 62 de la LOPJ?

a) En la Comunidad de Madrid.
b) En Madrid.
c) En la provincia de Madrid.
d) Ninguna es correcta.

15. ¿Pueden los ciudadanos ejercer la acción popular y participar en la Administración de Justicia?

a) No.
b) Sí, mediante la institución del Jurado, en la forma y con respecto a todos los procesos penales.

c) Sí, únicamente en los Tribunales consuetudinarios y tradicionales.

d) Sí, mediante la institución del Jurado, en la forma y con respecto a aquellos procesos penales que la ley determine, así como en los Tribunales consuetudinarios y tradicionales.

16. De acuerdo con el artículo 115 de la Constitución, el Presidente del Gobierno no podrá proponer la disolución del Senado:

a) Si no han transcurrido dos años desde la anterior disolución de la Cámara.

b) Si está en trámite una moción de censura.

c) Si está en trámite el procedimiento previsto en el artículo 155 de la Constitución.

d) Si no disuelve simultáneamente el Congreso de los Diputados.

17. Según la Constitución Española, señala la respuesta incorrecta:

a) Los particulares, en los términos establecidos por la ley, tendrán derecho a ser indemnizados por toda lesión que sufran en cualquiera de sus bienes y derechos, salvo en casos de fuerza mayor, siempre que la lesión sea consecuencia del funcionamiento de los servicios públicos.

b) El Presidente del Gobierno, previa deliberación del Consejo de Ministros, y bajo su exclusiva responsabilidad, puede plantear ante el Congreso de los Diputados la propuesta de disolución del Congreso, del Senado o de las Cortes Generales.

c) La responsabilidad criminal del Presidente y los demás miembros del Gobierno será exigible, en su caso, ante la Sala de lo Penal del Tribunal Supremo.

d) La ley regulará la audiencia de los ciudadanos, el acceso de los ciudadanos a los archivos y registros administrativo y el procedimiento a través del cual deben producirse los actos administrativos.

18. Uno de los siguientes no es Alto Cargo:

a) Director General.

b) Subsecretario.

c) Delegado del Gobierno.

d) Subdirector General.

19. ¿Qué rango tiene un Subdelegado del Gobierno?

a) Secretario General.

b) Subsecretario.

c) Director General.

d) Subdirector General.

20. No es atribución del Presidente del Tribunal de Cuentas:

a) Ejercer la función fiscalizadora.

b) Disponer los gastos propios del Tribunal.

c) Representar al Tribunal.

d) Resolver las demás cuestiones de carácter gubernativo no asignadas a otros órganos del Tribunal.

21. El Estado se organiza territorialmente en:

a) Municipios, provincias y comarcas con autonomía para la prestación de sus respectivos intereses.

b) Municipios, provincias, comarcas y mancomunidades.

c) Municipios, provincias y comunidades autónomas que se constituyan.

d) Entes locales, comarcales y autonómicos recogidos en sus respectivos Estatutos de Autonomía.

22. Las competencias de las Comunidades Autónomas en materia de cultura, están reguladas en:

a) El artículo 148 de la CE.

b) El artículo 149 de la CE.

c) Ley de Bases del Régimen Local.

d) Ley 16/1985 del patrimonio histórico español.

23. ¿Cuál de las siguientes viene recogida en el artículo 148 de la Constitución Española de 1978 como una competencia que pueden asumir las Comunidades Autónomas?

a) Nacionalidad, inmigración, emigración, extranjería y derecho de asilo.

b) Legislación sobre pesas y medidas, determinación de la hora oficial.

c) Bases y coordinación de la planificación general de la actividad económica.

d) Ordenación del territorio, urbanismo y vivienda.

24. De acuerdo con los arts. 143 y 144 CE, las Comunidades Autónomas podrán formarse por:

a) Los territorios insulares.

b) Las Provincias limítrofes con características históricas, culturales y económicas comunes.

c) Los territorios cuyo ámbito territorial no supere el de una Provincia y carezcan de entidad regional histórica.

d) Todas son correctas.

25. ¿Qué artículo de la Constitución Española regula las vías ordinarias de acceso a la autonomía que fue adoptada por las Provincias limítrofes con características históricas, culturales y económicas comunes, los territorios insulares y las Provincias con entidad regional histórica?

a) El art. 140.

b) El art. 141.

c) El art. 143.
d) El art. 151.

26. Las Cortes Generales podrán, por motivos de interés nacional, autorizar o acordar, en su caso, un Estatuto de Autonomía para territorios que no estén integrados en la organización provincial, mediante:

a) Ley orgánica.
b) Ley ordinaria.
c) Real Decreto.
d) Decreto ley.

27. Señala la afirmación CORRECTA, de acuerdo con lo dispuesto en la Ley 7/1985, de 2 de abril, reguladora de las bases de régimen local:

a) El Municipio, para la gestión de sus intereses y en el ámbito de sus competencias, puede promover toda clase de actividades y prestar los servicios públicos que considere apropiados para satisfacer las necesidades y aspiraciones de la comunidad vecinal, sin limitación alguna.
b) El Municipio, para la gestión de sus intereses y en el ámbito de sus competencias, puede promover actividades y prestar los servicios públicos que contribuyan a satisfacer las necesidades y aspiraciones de la comunidad vecinal en los términos previstos en el artículo 25 de la Ley Reguladora de las Bases del Régimen Local.
c) El Municipio ejercerá en todo caso como competencias propias, en los términos de la legislación del Estado y de las Comunidades Autónomas, entre otras, en las siguientes materias: Educación, sanidad y salubridad pública.
d) Ninguna es correcta.

28. Si una Entidad Local incumple las obligaciones impuestas directamente por la ley, de forma que tal incumplimiento afectara al ejercicio de competencias de la Administración del Estado o de la CCAA y cuya cobertura económica estuviere legalmente o presupuestariamente garantizada, una u otra, según su respectivo ámbito competencial, deberá recordarle su cumplimiento concediendo al efecto el plazo mínimo de:

a) Un mes.
b) Dos meses.
c) Tres meses.
d) Seis meses.

29. Para asegurar la colaboración entre la Administración del Estado y la Administración Local en materia de inversiones y de prestación de servicios, ¿dónde podrá, según el artículo 58 de la LRL, el Gobierno crear una Comisión Territorial de Administración Local?

a) En cada Comunidad Autónoma.
b) En cada municipio.

c) En cada provincia.

d) En Madrid, existiendo una Comisión única a nivel nacional.

30. Los entes de ámbito territorial inferior al municipio, ¿tienen personalidad jurídica propia?

a) Sí, al ser entidades de ámbito territorial.

b) No, sin embargo los ya existentes con anterioridad al 31 de diciembre de 2013, mantendrán su personalidad jurídica.

c) No, sin embargo, los ya existentes, así como los que hubieran iniciado el procedimiento para su constitución antes del 31 de diciembre de 2013 tendrán personalidad jurídica propia.

d) Sí, tienen la misma personalidad jurídica que las provincias.

31. La Ley 7/1985, de 2 de abril, define como Entidades Locales territoriales a las siguientes:

a) El municipio, la provincia y la isla en los archipiélagos balear y canario.

b) El municipio, la provincia, la isla en los archipiélagos balear y canario y las Comarcas u otras entidades que agrupen varios municipios, instituidas por las CCAA de conformidad con la LRL y los correspondientes Estatutos de Autonomía.

c) El municipio, la provincia, las áreas metropolitanas, la isla en los archipiélagos balear y canario y las comarcas u otras entidades que agrupen varios municipios, instituidas por las CCAA de conformidad con la LRL y los correspondientes Estatutos de Autonomía.

d) Ninguna es correcta.

32. En cuanto a la fusión de municipios, ¿cuál de las siguientes afirmaciones no es cierta?

a) Queda dispensado de prestar nuevos servicios mínimos de los previstos en el artículo 26 que le correspondan por razón de su aumento poblacional.

b) Su financiación mínima será la suma de las financiaciones medias que tuviera cada municipio por separado antes de la fusión.

c) Durante los cinco primeros años desde la adopción del convenio de fusión, tendrá preferencia en la asignación de planes de cooperación local.

d) Ninguna es correcta.

33. Se consideran elementos básicos del municipio:

a) La organización, el territorio y la población.

b) La demarcación territorial y la población.

c) Los órganos, el término y los vecinos.

d) Ninguna es correcta.

34. En la organización municipal, de acuerdo con el art. 20 de la LRBRL, señala la respuesta incorrecta:

a) La Comisión Especial de Cuentas existe en todos los municipios.
b) El Alcalde, los tenientes de Alcalde y el Pleno existen en todos los Ayuntamientos.
c) La Comisión Especial de Sugerencias y Reclamaciones existe en todos los municipios.
d) La Junta de Gobierno Local existe en todos los municipios con población de derecho superior a 5.000 habitantes y en los de menos, cuando así lo disponga su reglamento orgánico o así lo acuerdo el Pleno.

35. Señala cuál de las siguientes respuestas es incorrecta, según lo dispuesto en el art. 15 de la Ley 7/1985, relativa a la población municipal:

a) Los inscritos en el Padrón municipal son los vecinos del municipio.
b) Toda persona que haya nacido en España está obligada a inscribirse en el padrón del municipio de su nacimiento.
c) El conjunto de personas inscritas en el Padrón municipal constituye la población del municipio.
d) La condición de vecino se adquiere en el mismo momento de su inscripción en el Padrón.

36. Señala la respuesta correcta en relación a las reglas de la organización provincial:

a) El Presidente, los Vicepresidentes, la Junta de Gobierno y el Pleno, existen en todas las Diputaciones.
b) Existirán en todas las Diputaciones órganos que tengan por objeto el estudio, informe o consulta de los asuntos que han de ser sometidos a la decisión de la Junta de Gobierno.
c) Las reglas de la organización provincial se desarrollan en el Título II de la Ley 7/1985.
d) Todas son correctas.

37. ¿Se puede establecer una organización provincial complementaria de la prevista en la Ley 7/1985?

a) Sí, si así lo determina una ley estatal.
b) Sí, las leyes de las Comunidades Autónomas sobre régimen local podrán establecer una organización provincial complementaria de la prevista en la Ley 7/1985.
c) Sí, si así lo establece la propia Diputación y se contempla dicha posibilidad en el Estatuto de Autonomía correspondiente.
d) Ninguna es correcta.

38. El nombramiento del personal directivo que, en su caso, hubiera en las Diputaciones, Cabildos y Consejos Insulares:

a) Deberá efectuarse de acuerdo a criterios de idoneidad.
b) Deberá efectuarse entre funcionarios de carrera pero será obligatorio la habilitación de carácter nacional.

c) Deberá efectuarse de acuerdo a criterios de competencia profesional y experiencia.

d) Habrá que estar siempre a lo dispuesto en el Reglamento Orgánico.

39. ¿Cuál es la Ley de Procedimiento Administrativo Común de las Administraciones Públicas?

a) La Ley 30/1992, de 26 de noviembre.

b) La Ley 39/2015, de 1 de octubre.

c) La Ley 40/2015, de 1 de octubre.

d) La Ley 20/2014, de 29 de octubre.

40. Tendrán capacidad de obrar ante las Administraciones Públicas:

a) Las personas físicas o jurídicas que ostenten capacidad de obrar con arreglo a las normas civiles.

b) Los menores de edad para el ejercicio y defensa de aquellos de sus derechos e intereses cuya actuación esté permitida por el ordenamiento jurídico sin la asistencia de la persona que ejerza la patria potestad, tutela o curatela. Exceptuando el supuesto de los menores incapacitados, cuando la extensión de la incapacitación afecte al ejercicio y defensa de los derechos o intereses de que se trate.

c) Cuando la ley así lo declare expresamente, los grupos de afectados, las uniones y entidades sin personalidad jurídica y los patrimonios independientes o autónomos.

d) Todas son correctas.

41. ¿Se consideran interesados en el procedimiento administrativo aquellos cuyos intereses legítimos, individuales o colectivos, puedan resultar afectados por la resolución?

a) Sí, siempre.

b) No siempre, ya que para que se consideren interesados en el procedimiento administrativo además tienen que personarse en el procedimiento en tanto no haya recaído resolución definitiva.

c) No, en ningún caso se consideran interesados en el procedimiento administrativo.

d) Ninguna es correcta.

42. En los casos en que proceda la comparecencia de personas ante las oficinas públicas, la correspondiente citación hará constar expresamente:

a) El lugar, fecha, hora y objeto de la comparecencia.

b) El lugar, fecha, hora, los medios disponibles y objeto de la comparecencia.

c) El lugar, fecha, hora, los medios disponibles y objeto de la comparecencia, así como los efectos de no atenderla.

d) Ninguna es correcta.

43. Cuando se produzca la comparecencia de personas ante las oficinas públicas las Administraciones Públicas entregarán al interesado certificación acreditativa:

a) En todo momento.
b) Cuando lo solicite el interesado.
c) En ningún caso.
d) Solo en los casos establecidos en la ley.

44. ¿Cuál es el plazo máximo fijado por la norma reguladora del correspondiente procedimiento en el que debe notificarse la resolución expresa?

a) El plazo no podrá exceder de un mes salvo que una norma con rango de ley establezca uno mayor o así venga previsto en el Derecho de la Unión Europea.
b) El plazo no podrá exceder de dos meses salvo que una norma con rango de ley establezca uno mayor o así venga previsto en el Derecho de la Unión Europea.
c) El plazo no podrá exceder de tres meses salvo que una norma con rango de ley establezca uno mayor o así venga previsto en el Derecho de la Unión Europea.
d) El plazo no podrá exceder de seis meses salvo que una norma con rango de ley establezca uno mayor o así venga previsto en el Derecho de la Unión Europea.

45. ¿Las copias auténticas tendrán la misma validez y eficacia que los documentos originales?

a) Sí.
b) No.
c) Solo en los casos señalados en la ley.
d) Ninguna es correcta.

46. ¿Qué se entiende por digitalización según le ley?

a) Es el proceso tecnológico que permite convertir un documento en soporte papel en un fichero electrónico.
b) Es el proceso tecnológico que permite convertir un documento en soporte papel o en otro soporte no electrónico en un fichero electrónico que contiene la imagen codificada, fiel e íntegra del documento.
c) Es convertir un documento Word en un fichero interactivo.
d) Ninguna es correcta.

47. Los documentos que los interesados dirijan a los órganos de las Administraciones Públicas podrán presentarse:

a) En el registro electrónico de la Administración u Organismo al que se dirijan, así como en los restantes registros electrónicos de cualquiera de los sujetos a los que se refiere el artículo 2.1.
b) En las oficinas de Correos, en la forma que reglamentariamente se establezca.

c) En las representaciones diplomáticas u oficinas consulares de España en el extranjero.

d) Todas son correctas.

48. Para considerar válidos, los documentos administrativos no deberán:

a) Contener información de cualquier naturaleza archivada en un soporte electrónico según un formato determinado susceptible de identificación y tratamiento diferenciado.

b) Disponer de los datos de identificación que permitan su individualización, sin perjuicio de su posible incorporación a un expediente electrónico.

c) Incorporar una referencia espacial del momento en que han sido emitidos.

d) Incorporar los metadatos mínimos exigidos.

49. Las copias deben expedirse en el plazo de ……..…… a contar desde la recepción de la solicitud en el registro electrónico de la administración u organismo competente.

a) 6 días.

b) 10 días.

c) 15 días.

d) 30 días.

50. Señala la opción correcta, según indica la Ley 39/2015:

a) Las Administraciones Públicas estarán obligadas a expedir copias auténticas electrónicas de cualquier documento en papel que presenten los interesados y que se vaya a incorporar a un expediente administrativo.

b) Cuando las Administraciones Públicas expidan copias auténticas electrónicas, deberá quedar expresamente así indicado en el documento de la copia.

c) La expedición de copias auténticas de documentos públicos notariales, registrales y judiciales, así como de los diarios oficiales, se regirá por su legislación específica.

d) Todas son correctas.

51. En el Inicio del procedimiento por denuncia, se entiende por denuncia:

a) El acto por el que cualquier persona, en cumplimiento de una obligación legal, pone en conocimiento de un órgano administrativo la existencia de un determinado hecho que pudiera justificar la iniciación de oficio de un procedimiento administrativo.

b) El acto por el que cualquier persona, en cumplimiento o no de una obligación legal, pone en conocimiento de un órgano administrativo la existencia de un determinado hecho que pudiera justificar la iniciación de oficio de un procedimiento administrativo.

c) El acto por el que cualquier persona, pone en conocimiento de un órgano administrativo la existencia de un determinado hecho.

d) Ninguna es correcta.

52. ¿Qué deberán expresar las denuncias?

a) La identidad de la persona que la presentan.
b) El relato de los hechos.
c) La identidad de la persona denunciada.
d) La identidad de la persona o personas que las presentan y el relato de los hechos que se ponen en conocimiento de la Administración.

53. Cuando los hechos objeto de una denuncia pudieran constituir una infracción administrativa, recogerán:

a) La fecha de su comisión y, cuando sea posible, la identificación de los presuntos responsables.
b) Siempre la identificación de los presuntos responsables.
c) Los hechos objeto de una denuncia pudieran constituir una infracción administrativa no pueden ser objeto de denuncia.
d) Ninguna es correcta.

54. Ponen fin al procedimiento (art. 84 Ley 39):

a) La resolución.
b) La declaración de caducidad.
c) El desistimiento.
d) Todas son correctas.

55. ¿Puede el órgano competente para resolver el procedimiento aplicar reducciones? (art. 85 Ley 39)

a) No.
b) Sí, al menos el 20% sobre el importe de la sanción propuesta.
c) Sí, y podrán estar determinadas en la notificación de iniciación del procedimiento.
d) Son correctas b) y c).

56. Las Administraciones Públicas podrán celebrar acuerdos, pactos, convenios o contratos con personas tanto de Derecho Público como privado (art. 86 Ley 39):

a) Siempre.
b) Siempre que no sean contrarios al ordenamiento jurídico ni versen sobre materias no susceptibles de transacción y tengan por objeto satisfacer el interés público que tienen encomendado.
c) Sí, no pudiendo tales actos tener la consideración de finalizadores de los procedimientos administrativos.
d) Ninguna es correcta.

57. El órgano competente para resolver podrá decidir, mediante acuerdo motivado, la realización de las actuaciones complementarias indispensables para resolver el procedimiento (art. 87 Ley 39):

a) En cualquier momento.
b) Antes de la fase de instrucción.
c) Antes de dictar resolución.
d) Ninguna es correcta.

58. El acuerdo de realización de actuaciones complementarias se notificará a los interesados, concediéndoseles un plazo para formular alegaciones de (art. 87 Ley 39):

a) Siete días.
b) Diez días.
c) Quince días.
d) Un mes.

59. Las Corporaciones Locales formarán la relación de todos los puestos de trabajo existentes en su organización, según indica el art. 90 LRL:

a) En los términos previstos en la Ley 7/1985.
b) En los términos previstos en la CE.
c) En los términos previstos en la legislación básica sobre función pública.
d) En los términos previstos en el Estatuto de los Trabajadores y distintos convenios colectivos.

60. Las plantillas que comprenden todos los puestos de trabajo debidamente clasificados reservados a funcionarios, personal laboral y eventual (art. 126 RD 781/1986):

a) Se aprueban cada tres años.
b) Se aprueban anualmente con ocasión de la aprobación del Presupuesto.
c) Deben ser ampliadas en los supuestos establecidos en el art. 126.2 del RD 781/1986.
d) Ninguna es correcta.

61. Las plantillas podrán ser ampliadas en los siguientes supuestos (art. 126.2 RD 781/1986):

a) Cuando el incremento del gasto quede compensado mediante la reducción de otras unidades o capítulos de gastos corrientes no ampliables.
b) Siempre que el incremento de las dotaciones sea consecuencia del establecimiento o ampliación de servicios de carácter potestativo que resulten impuestos por disposiciones legales.
c) Cuando el incremento del gasto quede compensado mediante la ampliación de otras unidades o capítulos de gastos corrientes no ampliables.
d) Ninguna es correcta.

62. ¿En qué plazo las Corporaciones Locales deben aprobar y publicar la Oferta de Empleo Público para el año correspondiente?

a) En el primer trimestre de cada año.
b) En el primer semestre de cada año.
c) Anualmente, dentro del plazo de tres meses desde la aprobación de su Presupuesto.
d) Anualmente, dentro del plazo de un mes desde la aprobación de su Presupuesto.

63. ¿Qué porcentaje, según indica el art. 134 del RD 781/1986, puede reservarse en las convocatorias para promoción interna?

a) No especifica ningún porcentaje.
b) Hasta un máximo de un 5%
c) Mínimo un 25%
d) Hasta un máximo del 50%

64. Las leyes de Función Pública que se dicten en desarrollo de este Estatuto determinarán los órganos de gobierno de las Administraciones Públicas que podrán disponer de este tipo de personal. El número máximo se establecerá por los respectivos órganos de gobierno. Este número y las condiciones retributivas serán públicas.

a) Real Decreto Legislativo 5/2015, de 30 de octubre, por el que se aprueba el Texto Refundido de la Ley del Estatuto Básico del Empleado Público, artículo 10.2Personal laboral.
b) Real Decreto Legislativo 5/2015, de 30 de octubre, por el que se aprueba el texto refundido de la Ley del Estatuto Básico del Empleado Público, artículo 11.2 Personal eventual.
c) Real Decreto Legislativo 5/2015, de 30 de octubre, por el que se aprueba el texto refundido de la Ley del Estatuto Básico del Empleado Público, artículo 12.2 Personal eventual.
d) Real Decreto Legislativo 5/2015, de 30 de octubre, por el que se aprueba el texto refundido de la Ley del Estatuto Básico del Empleado Público, artículo 13.2 Personal eventual.

65. Señala la respuesta correcta:

a) El Estatuto Básico del Empleado Público, en su artículo 12. Personal eventual, punto 4. establece: la condición de personal eventual podrá constituir mérito para el acceso a la Función Pública pero no para la promoción interna.
b) El Estatuto Básico del Empleado Público, en su artículo 12. Personal eventual, punto 4. establece: la condición de personal eventual podrá constituir mérito para el acceso a la Función Pública así como para la promoción interna.
c) El Estatuto Básico del Empleado Público, en su artículo 12. Personal eventual, punto 4. establece: la condición de personal eventual no podrá constituir mérito para el acceso a la Función Pública o para la promoción interna.
d) El Estatuto Básico del Empleado Público, en su artículo 12. Personal eventual, punto 4. establece: la condición de personal eventual no podrá constituir mérito para el acceso a la Función Pública pero sí para la promoción interna.

66. De conformidad con el artículo 13 del Real Decreto Legislativo 5/2015, de 30 de octubre, por el que se aprueba el Texto Refundido de la Ley del Estatuto Básico del Empleado Público; ¿a qué dos principios ha de atender la designación del personal directivo profesional de las Administraciones Públicas?

a) Publicidad y concurrencia.
b) Legalidad e igualdad.
c) Capacidad y mérito.
d) Transparencia e idoneidad.

67. La titulación exigible para ser funcionario del grupo B según el Real Decreto Legislativo 5/2015, de 30 de octubre, por el que se aprueba el Texto Refundido de la Ley del Estatuto Básico del Empleado Público, es:

a) Título de Bachiller o Técnico.
b) Título de Graduado en Educación Secundaria Obligatoria.
c) Título de Técnico Superior.
d) Título de ESO.

68. De acuerdo con el artículo 104 bis de la Ley 7/1985, de 2 de Abril, Reguladora de las Bases del Régimen Local, los Ayuntamientos de Municipios con población superior a 75.000 habitantes y no superior a 500.000 habitantes podrán incluir en sus plantillas, puestos de trabajo de personal eventual por un número que no podrá exceder de:

a) Ocho.
b) La mitad de concejales de la Corporación Local.
c) Del número de concejales de la Corporación Local.
d) No existe limitación, siempre que se exista disponibilidad presupuestaria.

69. Las Haciendas Locales se nutren, además de tributos propios y de las participaciones reconocidas en los del Estado y en los de las CC. AA.:

a) De aquellos otros recursos previstos reglamentariamente.
b) De aquellos otros recursos que prevea la Ley.
c) De aquellos otros recursos que prevea la LGT.
d) Ninguna es correcta.

70. Las entidades locales tendrán autonomía de acuerdo con lo previsto en la legislación del Estado reguladora de las Haciendas locales y en las leyes que dicten las Comunidades Autónomas en los supuestos expresamente previstos en aquella:

a) Para establecer tributos.
b) Para exigir tributos.
c) Para crear tributos.
d) Son correctas a) y b).

71. ¿Cómo se ejerce la potestad reglamentaria de las Entidades Locales en materia tributaria?

a) A través de Ordenanzas Generales.
b) A través de Reglamentos.
c) A través de leyes.
d) Ninguna es correcta.

72. Las Ordenanzas fiscales reguladoras de los tributos locales comenzarán a aplicarse:

a) En el momento de su publicación definitiva en el "Boletín Oficial" del Estado, salvo que en las mismas se señale otra fecha.
b) A los quince días de su publicación definitiva en el "Boletín Oficial" de la provincia o, en su caso, de la Comunidad Autónoma uniprovincial, salvo que en las mismas se señale otra fecha.
c) Al día siguiente de su publicación definitiva en el "Boletín Oficial" de la provincia o, en su caso, de la Comunidad Autónoma uniprovincial, salvo que en las mismas se señale otra fecha.
d) En el momento de su publicación definitiva en el "Boletín Oficial" de la provincia o, en su caso, de la Comunidad Autónoma uniprovincial, salvo que en las mismas se señale otra fecha.

73. Las Ordenanzas fiscales obligan en el territorio de la respectiva entidad local y se aplican conforme a los principios de (art. 107 LRL):

a) Proporcionalidad.
b) Progresividad.
c) Residencia efectiva y de territorialidad, según los casos.
d) Todas son correctas.

74. ¿A quién corresponde la declaración de nulidad de pleno derecho y la revisión de los actos dictados en vía de gestión tributaria, en los casos y de acuerdo con el procedimiento establecido en la LGT?

a) Al Pleno.
b) Al Alcalde.
c) A la Junta de Gobierno, en todo caso.
d) Ninguna es correcta.

75. La Ley de Haciendas Locales se aprobó:

a) Por Ley de bases.
b) Por ley ordinaria.
c) Por decreto-ley.
d) Ninguna es correcta.

76. Indica dónde se debe publicar el acuerdo provisional de aprobación de una Ordenanza Municipal:

a) Solo en el Tablón de Anuncios del Ayuntamiento.

b) Solo en el Boletín Oficial de la Provincia, o, en su caso, en el de la comunidad autónoma uniprovincial.

c) Se expondrá en el Tablón de Anuncios del Ayuntamiento y se publicará el anuncio de exposición en el Boletín Oficial de la Provincia, o en su caso, en el de la comunidad autónoma uniprovincial y en un diario de los de mayor difusión de la provincia, o de la comunidad autónoma uniprovincial.

d) Ninguna es correcta.

77. Tras la publicación del acuerdo de aprobación provisional de la Ordenanza Fiscal reguladora del Impuesto sobre Bienes Inmuebles, qué plazo tienen los interesados para presentar reclamaciones:

a) 30 días hábiles.

b) 15 días hábiles.

c) 30 días naturales.

d) 15 días naturales.

78. ¿Puede un vecino del municipio, propietario de un bien inmueble en su término municipal, presentar las reclamaciones, a las que se refiere la pregunta anterior y la asociación provincial de asesores fiscales, en defensa de sus intereses?

a) Solo puede presentar reclamaciones el vecino.

b) Solo puede presentar reclamaciones la asociación provincial de asesores fiscales.

c) Puede presentar reclamaciones tanto el vecino como la asociación provincial de asesores fiscales.

d) No puede presentar reclamaciones ni el vecino ni la asociación provincial de asesores fiscales.

79. ¿En qué empresas puede el empresario asumir personalmente las funciones de protección y prevención de riesgos profesionales?

a) En todas.

b) En las empresas de hasta 20 trabajadores.

c) En las empresas de hasta 10 trabajadores.

d) Ninguna es correcta.

80. La Ley de Prevención de Riesgos Laborales (en adelante LPRL) establece los principios generales relativos a:

a) La prevención de los riesgos profesionales para la protección de la seguridad y de la salud.

b) La eliminación o disminución de los riesgos derivados del trabajo, la información, la consulta, la participación equilibrada y la formación de los trabajadores en materia preventiva, en los términos señalados en la presente disposición.

c) Ambas son correctas.

d) Ninguna es correcta.

81. La LPRL no será de aplicación en aquellas actividades cuyas particularidades lo impidan en el ámbito de las funciones públicas de:

a) Policía, seguridad y resguardo aduanero.

b) Servicios operativos de protección civil y peritaje forense, en todo caso.

c) Centros y establecimientos militares.

d) Todos ellos.

82. ¿A qué normativa inspirará la Ley de Prevención de Riesgos Laborales?

a) A toda la normativa específica.

b) A la normativa específica que se dicte para regular la protección de la seguridad y la salud de los trabajadores que prestan sus servicios en las indicadas actividades.

c) A la relativa a las Fuerzas Armadas y actividades militares de la Guardia Civil.

d) A todas ellas.

83. ¿En qué establecimientos se adaptarán a la presente ley aquellas actividades cuyas características justifiquen una regulación especial, lo que se llevará a efecto en los términos señalados en la Ley 7/1990, de 19 de julio, sobre negociación colectiva y participación en la determinación de las condiciones de trabajo de los empleados públicos?

a) Resguardo aduanero.

b) Establecimientos militares.

c) Establecimientos penitenciarios.

d) Ninguna es correcta.

84. Se encuentran entre las funciones del Consejo de Transparencia y Buen Gobierno:

a) Informar sobre los proyectos normativos de carácter estatal que desarrollen la Ley 19/2013, de 9 de diciembre, si bien este informe no será preceptivo.

b) Instar a los organismos autónomos al cumplimiento efectivo de lo dispuesto en la Ley 19/2013, de 9 de diciembre.

c) Promover actividades de formación y sensibilización sobre la Ley 19/2013, de 9 de diciembre, de transparencia, acceso a la información pública y buen gobierno.

d) Promover la coordinación entre las Administraciones Públicas en materia de transparencia y acceso a la información.

85. La ley 19/2013, de 9 de diciembre, de transparencia, acceso a la información pública y buen gobierno, establece en su art. 11 que el Portal de la Transparencia contendrá información publicada de acuerdo con las prescripciones técnicas que se establezcan reglamentariamente que deberán adecuarse a los siguientes principios:

a) Accesibilidad, interoperabilidad y reutilización.
b) Accesibilidad, estructuración y documentación.
c) Globalización e interinstitucionalidad.
d) Claridad y operatividad.

86. Indica la opción correcta respecto al Portal de Transparencia del Gobierno de España:

a) Incluye información acerca de las Entidades Locales.
b) La solicitud de información disponible, amparada por el derecho de acceso presente en la Ley 19/2013, no precisa identificación.
c) No incluye información acerca de órganos constitucionales.
d) El Portal es gestionado por el Consejo de Transparencia y Buen Gobierno.

87. La Ley 19/2013 regula e incrementa la transparencia pública de todos los sujetos que prestan servicios públicos o ejercen potestades administrativas mediante:

a) La publicidad activa.
b) La publicidad activa y el acceso a la información pública.
c) La publicidad activa y la participación de los ciudadanos.
d) La publicidad activa, la participación de los ciudadanos y el acceso a la información pública.

88. ¿Qué afirmación es absolutamente falsa?

a) España es pionera en una legislación específica que regula la transparencia y el derecho de acceso a la información pública.
b) Desde la perspectiva del Derecho comparado, tanto la Unión Europea como la mayoría de sus Estados miembros cuentan ya en sus ordenamientos jurídicos con una legislación específica que regula la transparencia y el derecho de acceso a la información pública.
c) España no podía permanecer por más tiempo al margen y, tomando como ejemplo los modelos que nos proporcionan los países de nuestro entorno, adopta la Ley de Transparencia.
d) Ninguna es correcta.

89. ¿Cuál es el objeto de la Ley 19/2013 de Transparencia?

a) Ampliar y reforzar la transparencia de la actividad pública, regular y garantizar el derecho de acceso a la información pública y establecer las obligaciones de buen gobierno de los responsables públicos.

b) Ampliar y reforzar la transparencia de la actividad pública, el derecho de acceso a la información pública y la participación ciudadana, así como establecer las obligaciones de buen gobierno que deben cumplir los responsables públicos, así como las consecuencias derivadas de su incumplimiento.

c) Ampliar y modificar la transparencia de la actividad pública, regular y garantizar el derecho de acceso a la información pública y privada, así como establecer las obligaciones de buen gobierno que deben cumplir los responsables públicos, así como las consecuencias derivadas de su incumplimiento.

d) Ampliar y reforzar la transparencia de la actividad pública, regular y garantizar el derecho de acceso a la información pública y establecer las obligaciones de buen gobierno que deben cumplir los responsables públicos, así como las consecuencias derivadas de su incumplimiento.

90. ¿A qué tipo de entidades privadas solo le son de aplicación las disposiciones relativas a la publicidad activa de la Ley 19/2013?

a) Las entidades privadas que perciban durante el período de un año ayudas o subvenciones públicas en una cuantía superior a 100.000 euros o cuando al menos el 40 % del total de sus ingresos anuales tengan carácter de ayuda o subvención pública, siempre que alcancen como mínimo la cantidad de 5.000 euros.

b) Las entidades privadas que perciban durante el período de un año ayudas o subvenciones públicas en una cuantía superior a 1.000.000 euros o cuando al menos el 40 % del total de sus ingresos anuales tengan carácter de ayuda o subvención pública, siempre que alcancen como mínimo la cantidad de 5.000 euros.

c) Las entidades privadas que perciban durante el período de un año ayudas o subvenciones públicas en una cuantía superior a 100.000 euros o cuando al menos el 50 % del total de sus ingresos anuales tengan carácter de ayuda o subvención pública, siempre que alcancen como mínimo la cantidad de 5.000 euros.

d) Las entidades privadas que perciban durante el período de un año ayudas o subvenciones públicas en una cuantía superior a 1.000.000 euros o cuando al menos el 50 % del total de sus ingresos anuales tengan carácter de ayuda o subvención pública, siempre que alcancen como mínimo la cantidad de 5.000 euros.

91. ¿Qué sujetos están sometidos a la obligación de publicar los planes y programas anuales y plurianuales según la Ley 19/2013?

a) Solo las Administraciones Públicas.
b) Todos los sujetos.
c) Administraciones Públicas y las sociedades y fundaciones Públicas.
d) Todas las sociedades anónimas que coticen en bolsa.

92. En la Ley Orgánica 3/2007 de 22 de marzo, para la igualdad efectiva de mujeres y hombres, se regula el principio de igualdad en el empleo público en el:

a) Título III
b) Título IV.

c) Título V.

d) No viene regulado.

93. Según dispone el artículo 10 de la Ley Orgánica 3/2007, de 22 de marzo, para la igualdad efectiva de mujeres y hombres, los actos y las cláusulas de los negocios jurídicos que constituyan o causen discriminación por razón de sexo:

a) Son anulables.

b) Son nulos y sin efecto.

c) Darán lugar a indemnización inversamente proporcional al daño sufrido.

d) Todas son correctas.

94. De acuerdo con el artículo 55 de la Ley Orgánica 3/2007, e 22 de marzo, para la igualdad efectiva de mujeres y hombres, el informe de impacto de género en las pruebas de acceso al empleo público:

a) Debe acompañar a la aprobación de convocatorias de pruebas selectivas para el acceso al empleo público, en todo caso.

b) Debe acompañar a la aprobación de convocatorias de pruebas selectivas para el acceso al empleo público, únicamente en casos de urgencia en el caso de la Administración Local.

c) Debe acompañar a la aprobación de convocatorias de pruebas selectivas para el acceso al empleo público, salvo en casos de urgencia.

d) Debe acompañar a la aprobación de convocatorias de pruebas selectivas para el acceso al empleo público, salvo en casos de urgencia y siempre sin perjuicio de la prohibición de discriminación por razón de sexo.

95. La evaluación sobre la igualdad en el empleo público indicada en el artículo 63 de la Ley Orgánica 3/2007, de 22 de marzo, para la igualdad efectiva de mujeres y hombres, contendrá:

a) Información relativa a la aplicación efectiva del principio de igualdad entre hombres y mujeres con especificación del grupo de titulación.

b) Información relativa a la aplicación efectiva del principio de igualdad entre hombres y mujeres con especificación del grupo de titulación, complemento de productividad, retribuciones promediadas, mediante desagregación por sexo de los datos.

c) Información relativa a la aplicación efectiva del principio de igualdad entre hombres y mujeres con especificación del grupo de titulación, de la distribución de su plantilla, complemento de destino y retribuciones promediadas, mediante desagregación por sexo de los datos.

d) Información relativa a la aplicación efectiva del principio de igualdad entre hombres y mujeres con especificación del grupo de titulación, complemento de productividad, complemento de destino y retribuciones promediadas, mediante desagregación por sexo de los datos.

96. Según la Ley Orgánica 3/2007, de 22 de marzo, para la igualdad efectiva de hombres y mujeres, el órgano colegiado responsable de la coordinación de las políticas y medidas adoptadas por los departamentos ministeriales con la finalidad de garantizar el derecho a la igualdad entre mujeres y hombres y promover su efectividad es:

a) La Unidad de la Mujer.
b) La Comisión Interministerial de Igualdad entre mujeres y hombres.
c) El Instituto de la Mujer.
d) El Consejo de Participación de la Mujer.

97. La legitimación para ejercer la acción de cesación cuando considere que pueda haberse incurrido en supuestos de publicidad engañosa por las empresas al hacer uso publicitario de sus acciones de responsabilidad en materia de igualdad corresponde a:

a) A la Comisión Interministerial de Igualdad entre mujeres y hombres u órgano equivalente de las Comunidades Autónomas.
b) A la Unidad de Igualdad del Ministerio de Igualdad y Asuntos Sociales.
c) Al Consejo de Participación de la Mujer.
d) Al Instituto de la Mujer u órgano equivalente de las Comunidades Autónomas.

98. Si una empresa, o en este caso un Ayuntamiento no tiene en su plantilla 50 trabajadores, ¿podrá elaborar y aplicar un plan de igualdad?

a) No.
b) Sí, previa negociación o consulta, en su caso, con la representación legal de los trabajadores y trabajadoras, cuando la autoridad laboral hubiera acordado en un procedimiento sancionador la sustitución de las sanciones accesorias por la elaboración y aplicación de dicho plan, en los términos que se fijen en el indicado acuerdo.
c) Sí, salvo disposición legal en contrario y en todo caso previa consulta a la representación legal de los trabajadores.
d) Ninguna es correcta.

99. Las Administraciones públicas, en el ámbito de sus respectivas competencias y en aplicación del principio de igualdad entre mujeres y hombres deberán seguir, entre otros, los siguientes criterios de actuación:

a) Remover los obstáculos que impliquen la pervivencia de cualquier tipo de discriminación con el fin de ofrecer condiciones de igualdad efectiva entre mujeres y hombres en el acceso al empleo público y en el desarrollo de la carrera profesional.
b) Eliminar el sexismo y los estereotipos de género.
c) Incluir un informe de impacto de género en el expediente de aprobación de las ofertas de empleo y las pruebas de selección.
d) Ninguna es correcta.

100. Según el artículo 4 de la L.O. 3/2007, de 22 de marzo, la igualdad de trato de oportunidades entre mujeres y hombres:

a) Es un principio recogido en las leyes vigentes necesarias para las previsiones derivadas de la presente ley.

b) Es un principio informador del ordenamiento jurídico y se integrará y observará en la interpretación y aplicación de las normas jurídicas.

c) Supone la ausencia de toda discriminación por razón de sexo.

d) Ninguna es correcta.

Solución simulacro n.º 1

1. c) El articulado de la Constitución se agrupa en once títulos, además del preámbulo y las disposiciones adicionales, transitorias, derogatoria y final.

2. a) El principio de legalidad, la jerarquía normativa, la publicidad de las normas.

3. a) Se reconoce a todos los españoles a título individual o colectivo, sin excepciones.

4. a) Los contenidos en el capítulo tercero del Título I.

5. c) Ambos quedan comprendidos.

6. b) El derecho a una confesión religiosa.

7. c) De conformidad con el Consejo de Estado y las declaraciones del Consejo de Ministros.

8. c) Los Cuerpos sometidos a disciplina militar podrán ejercer este derecho tanto individual como colectivamente.

9. a) Las abdicaciones y renuncias y cualquier duda de hecho o de derecho que ocurra en el orden de sucesión a la Corona se resolverán por una ley orgánica.

10. c) Declarar la guerra y hacer la paz, con refrendo posterior de las Cortes Generales.

11. d) El Gobierno.

12. c) 500.000 firmas acreditadas.

13. b) De cinco: civil, penal, contencioso-administrativo, social y militar.

14. d) Ninguna es correcta.

15. d) Sí, mediante la institución del Jurado, en la forma y con respecto a aquellos procesos penales que la ley determine, así como en los Tribunales consuetudinarios y tradicionales.

16. b) Si está en trámite una moción de censura.

17. b) El Presidente del Gobierno, previa deliberación del Consejo de Ministros, y bajo su exclusiva responsabilidad, puede plantear ante el Congreso de los Diputados la propuesta de disolución del Congreso, del Senado o de las Cortes Generales.

18. d) Subdirector General.

19. d) Subdirector General.

20. a) Ejercer la función fiscalizadora.

21. c) Municipios, provincias y comunidades autónomas que se constituyan.

22. a) El artículo 148 de la CE.

23. d) Ordenación del territorio, urbanismo y vivienda.

24. d) Todas son correctas.

25. c) El art. 143.

26. a) Ley orgánica.

27. b) El Municipio, para la gestión de sus intereses y en el ámbito de sus competencias, puede promover actividades y prestar los servicios públicos que contribuyan a satisfacer las necesidades y aspiraciones de la comunidad vecinal en los términos previstos en el artículo 25 de la Ley Reguladora de las Bases del Régimen Local.

28. a) Un mes.

29. a) En cada Comunidad Autónoma.

30. b) No, sin embargo, los ya existentes con anterioridad al 31 de diciembre de 2013, mantendrán su personalidad jurídica.

31. a) El municipio, la provincia y la isla en los archipiélagos balear y canario.

32. b) Su financiación mínima será la suma de las financiaciones medias que tuviera cada municipio por separado antes de la fusión.

33. a) La organización, el territorio y la población.

34. c) La Comisión Especial de Sugerencias y Reclamaciones existe en todos los municipios.

35. b) Toda persona que haya nacido en España está obligada a inscribirse en el padrón del municipio de su nacimiento.

36. a) El Presidente, los Vicepresidentes, la Junta de Gobierno y el Pleno, existen en todas las Diputaciones.

37. b) Sí, las leyes de las Comunidades Autónomas sobre régimen local podrán establecer una organización provincial complementaria de la prevista en la Ley 7/1985.

38. c) Deberá efectuarse de acuerdo a criterios de competencia profesional y experiencia.

39. b) La Ley 39/2015, de 1 de octubre.

40. d) Todas son correctas.

41. b) No siempre, ya que para que se consideren interesados en el procedimiento administrativo además tienen que personarse en el procedimiento en tanto no haya recaído resolución definitiva.

42. c) El lugar, fecha, hora, los medios disponibles y objeto de la comparecencia, así como los efectos de no atenderla.

43. b) Cuando lo solicite el interesado.

44. d) El plazo no podrá exceder de seis meses salvo que una norma con rango de ley establezca uno mayor o así venga previsto en el Derecho de la Unión Europea.

45. a) Sí.

46. b) Es el proceso tecnológico que permite convertir un documento en soporte papel o en otro soporte no electrónico en un fichero electrónico que contiene la imagen codificada, fiel e íntegra del documento.

47. d) Todas son correctas.

48. c) Incorporar una referencia espacial del momento en que han sido emitidos.

49. c) 15 días.

50. d) Todas son correctas.

51. b) El acto por el que cualquier persona, en cumplimiento o no de una obligación legal, pone en conocimiento de un órgano administrativo la existencia de un determinado hecho que pudiera justificar la iniciación de oficio de un procedimiento administrativo.

52. d) La identidad de la persona o personas que las presentan y el relato de los hechos que se ponen en conocimiento de la Administración.

53. a) La fecha de su comisión y, cuando sea posible, la identificación de los presuntos responsables.

54. d) Todas son correctas.

55. b) Sí, al menos el 20% sobre el importe de la sanción propuesta.

56. b) Siempre que no sean contrarios al ordenamiento jurídico ni versen sobre materias no susceptibles de transacción y tengan por objeto satisfacer el interés público que tienen encomendado.

57. c) Antes de dictar resolución.

58. a) Siete días.

59. c) En los términos previstos en la legislación básica sobre función pública.

60. b) Se aprueban anualmente con ocasión de la aprobación del Presupuesto.

61. a) Cuando el incremento del gasto quede compensado mediante la reducción de otras unidades o capítulos de gastos corrientes no ampliables.

62. d) Anualmente, dentro del plazo de un mes desde la aprobación de su Presupuesto.

63. d) Hasta un máximo del 50%

64. c) Real Decreto Legislativo 5/2015, de 30 de octubre, por el que se aprueba el texto refundido de la Ley del Estatuto Básico del Empleado Público, artículo 12.2 Personal eventual.

65. c) El Estatuto Básico del Empleado Público, en su artículo 12. Personal eventual, punto 4. establece: La condición de personal eventual no podrá constituir mérito para el acceso a la Función Pública o para la promoción interna.

66. c) Capacidad y mérito.

67. c) Título de Técnico Superior.

68. c) Del número de Concejales de la Corporación Local.

69. b) De aquellos otros recursos que prevea la ley.

70. d) Son correctas a) y b).

71. d) Ninguna es correcta.

72. d) En el momento de su publicación definitiva en el "Boletín Oficial" de la provincia o, en su caso, de la Comunidad Autónoma uniprovincial, salvo que en las mismas se señale otra fecha.

73. c) Residencia efectiva y de territorialidad, según los casos.

74. a) Al Pleno.

75. b) Por ley ordinaria.

76. c) Se expondrá en el Tablón de Anuncios del Ayuntamiento y se publicará el anuncio de exposición en el Boletín Oficial de la Provincia, o en su caso, en el de la comunidad autónoma uniprovincial y en un diario de los de mayor difusión de la provincia, o de la comunidad autónoma uniprovincial.

77. a) 30 días hábiles.

78. c) Puede presentar reclamaciones tanto el vecino como la asociación provincial de asesores fiscales.

79. c) En las empresas de hasta 10 trabajadores.

80. c) Ambas son correctas.

81. a) Policía, seguridad y resguardo aduanero.

82. b) A la normativa específica que se dicte para regular la protección de la seguridad y la salud de los trabajadores que prestan sus servicios en las indicadas actividades.

83. c) Establecimientos penitenciarios.

84. c) Promover actividades de formación y sensibilización sobre la Ley 19/2013, de 9 de diciembre, de transparencia, acceso a la información pública y buen gobierno.

85. a) Accesibilidad, interoperabilidad y reutilización.

86. a) Incluye información acerca de las Entidades Locales.

87. b) La publicidad activa y el acceso a la información pública.

88. Ninguna es correcta.

89. d) Ampliar y reforzar la transparencia de la actividad pública, regular y garantizar el derecho de acceso a la información pública y establecer las obligaciones de buen gobierno que deben cumplir los responsables públicos, así como las consecuencias derivadas de su incumplimiento.

90. a) Las entidades privadas que perciban durante el período de un año ayudas o subvenciones públicas en una cuantía superior a 100.000 euros o cuando al menos el 40 % del total de sus ingresos anuales tengan carácter de ayuda o subvención pública, siempre que alcancen como mínimo la cantidad de 5.000 euros.

91. a) Solo las Administraciones Públicas.

92. c) Título V.

93. b) Son nulos y sin efecto.

94. d) Debe acompañar a la aprobación de convocatorias de pruebas selectivas para el acceso al empleo público, salvo en casos de urgencia y siempre sin perjuicio de la prohibición de discriminación por razón de sexo.

95. c) Información relativa a la aplicación efectiva del principio de igualdad entre hombres y mujeres con especificación del grupo de titulación, de la distribución de su plantilla, complemento de destino y retribuciones promediadas, mediante desagregación por sexo de los datos.

96. b) La Comisión Interministerial de Igualdad entre mujeres y hombres.

97. d) Al Instituto de la Mujer u órgano equivalente de las Comunidades Autónomas.

98. b) Sí, previa negociación o consulta, en su caso, con la representación legal de los trabajadores y trabajadoras, cuando la autoridad laboral hubiera acordado en un procedimiento sancionador la sustitución de las sanciones accesorias por la elaboración y aplicación de dicho plan, en los términos que se fijen en el indicado acuerdo.

99. a) Remover los obstáculos que impliquen la pervivencia de cualquier tipo de discriminación con el fin de ofrecer condiciones de igualdad efectiva entre mujeres y hombres en el acceso al empleo público y en el desarrollo de la carrera profesional.

100. b) Es un principio informador del ordenamiento jurídico y se integrará y observará en la interpretación y aplicación de las normas jurídicas.

SIMULACRO N.º 2

1. De las siguientes proposiciones, señala la correcta, según indica el artículo 22 de la Constitución Española:

a) Las asociaciones se entenderán que quedan constituidas legalmente cuando tras la inscripción en el registro sean aprobados por los Delegados del Gobierno o en su caso por el Consejo de Ministros.

b) Las asociaciones solo podrán ser disueltas o suspendidas en sus actividades en virtud de resolución administrativa.

c) Las asociaciones que persigan fines o utilicen medios tipificados como delito son ilegales.

d) Las proposiciones b) y c) son correctas.

2. Una de las siguientes afirmaciones establecidas en el artículo 27 de la Constitución, es falsa:

a) Todos tienen el derecho a la educación. Se reconoce la libertad de enseñanza.

b) Se reconoce a las personas físicas la libertad de creación de centros docentes, dentro del respeto a los principios constitucionales.

c) La enseñanza básica es obligatoria y gratuita.

d) No hay ninguna incorrecta.

3. En relación al artículo 25.3. de la Constitución Española, ¿cuál de las siguientes opciones es incorrecta?

a) La Administración civil no podrá imponer sanciones que directamente impliquen privación de libertad.

b) Nadie puede ser condenado por acciones u omisiones que en el momento de producirse no constituyan delito o falta, según la legislación vigente en aquel momento.

c) La Administración civil podrá interponer sanciones por acciones que en el momento de producirse no constituyan infracción administrativa, según la legislación vigente en aquel momento.

d) La Administración civil no podrá imponer sanciones que subsidiariamente impliquen privación de libertad.

4. En caso de que se declare el estado de excepción, ¿qué derecho fundamental podrá ser suspendido, según indica el artículo 55 de la Constitución Española?

a) El derecho de asociación.

b) El derecho de sindicación.

c) El derecho a recibir libremente información veraz por cualquier medio de difusión.

d) El derecho a la asistencia de abogado al detenido en las diligencias policiales y judiciales, en los términos que la ley establezca.

5. ¿Quiénes fomentarán, según indica el artículo 51 de la Constitución Española, las organizaciones de consumidores y usuarios?

a) El Tribunal de Cuentas.

b) Las organizaciones empresariales.

c) Los poderes públicos.

d) Los sindicatos.

6. ¿Ante qué órgano se interpone el recurso de amparo?

a) Ante el CGPJ.

b) Ante el Tribunal Supremo.

c) Ante los Tribunales Superiores de Justicia, en el ámbito de la Comunidad Autónoma respectiva.

d) Ante el Tribunal Constitucional.

7. ¿Por quién es designado el Defensor del Pueblo?

a) El Congreso de los Diputados, por una mayoría de 2/5.

b) Las Cortes Generales.

c) El Gobierno de la Nación.

d) El Congreso de los Diputados, por mayoría de 3/5.

8. En relación a los estados de alarma, excepción y sitio, ¿qué opción es incorrecta?

a) El estado de excepción será declarado por el Congreso, por mayoría de 3/5.

b) El estado de sitio será declarado por la mayoría absoluta del Congreso, a propuesta exclusiva del Gobierno.

c) La autorización y proclamación del estado de excepción deberá determinar expresamente los efectos del mismo, el ámbito territorial a que se extiende y su duración, que no podrá exceder de 30 días, prorrogables por otro plazo igual, con los mismos requisitos.

d) La declaración de los estados de alarma, de excepción y de sitio no modificarán el principio de responsabilidad del Gobierno y de sus agentes reconocidos en la CE y en las leyes.

9. De las siguientes proposiciones, una de ellas no es misión de las Fuerzas Armadas, tal y como indica el artículo 8 de la Constitución Española:

a) Garantizar la seguridad ciudadana.
b) Defender el ordenamiento constitucional.
c) Garantizar la soberanía de España.
d) Garantizar la independencia de España.

10. ¿Qué corresponde al Rey, de acuerdo con lo previsto en el artículo 62 de la Constitución Española de 1978?

a) Delegar el ejercicio de representación en las Cortes Generales.
b) El Alto patronazgo de las Reales Academias.
c) Ejercer la potestad legislativa del Estado.
d) Autorizar indultos generales.

11. Según el Título II de la Constitución Española relativo a la Corona:

a) La Regencia se ejercerá por mandato constitucional y en nombre del Rey.
b) Las abdicaciones y renuncias en el orden sucesorio se resolverán por ley ordinaria.
c) El Príncipe heredero podrá asumir la Regencia durante su minoría de edad.
d) La Regencia podrá ejercerse por nacionales de cualquier Estado.

12. Las Cámaras podrán reunirse en sesiones extraordinarias a petición de:

a) El Gobierno.
b) La Diputación Permanente.
c) La mayoría absoluta de los miembros de cualquiera de las Cámaras.
d) Todas son correctas.

13. La celebración de un tratado internacional que contenga estipulaciones contrarias a la Constitución, exigirá la previa revisión constitucional. ¿Qué órgano realizará dicha revisión?

a) El Tribunal Supremo.
b) El Defensor del Pueblo.
c) El Congreso.
d) El Tribunal Constitucional.

14. Según la Constitución Española, señala la respuesta correcta:

a) El Consejo General del Poder Judicial estará integrado por el Presidente del Tribunal Supremo, que lo presidirá, y por veinte miembros nombrados por el Rey por un periodo de cinco años. De estos, doce entre jueces y fiscales de todas las categorías judiciales, en los términos que establezca la ley orgánica.

b) Las sentencias serán siempre motivadas y se pronunciarán en audiencia pública, con las excepciones que prevean las leyes del procedimiento.

c) El Tribunal Supremo, con jurisdicción en toda España, es el órgano jurisdiccional superior en todos los órdenes, salvo lo dispuesto en materia de garantías constitucionales.

d) Todas son correctas.

15. Según la CE, el Consejo General del Poder Judicial es:

a) El supremo órgano consultivo de los jueces y Tribunales.

b) El órgano jurisdiccional superior en todos los órdenes, salvo lo dispuesto en materia de garantías constitucionales.

c) El órgano de gobierno del Poder Judicial.

d) Ninguna es correcta.

16. Según la CE, la policía judicial en sus funciones de averiguación del delito y descubrimiento y aseguramiento del delincuente, depende de:

a) Los jueces, de los magistrados y del Ministerio Fiscal.

b) Los jueces, de los Tribunales y del Ministerio Fiscal.

c) Los jueces, de los magistrados y del CGPJ.

d) Ninguna es correcta.

17. La moción de censura regulada en la Constitución Española:

a) Obliga a la previa presentación de una cuestión de confianza.

b) Obliga al Gobierno, en caso de prosperar, a la presentación de un nuevo programa político.

c) Se aprueba mediante mayoría simple de los diputados.

d) Exige la inclusión en la misma del nombre del candidato a la Presidencia del Gobierno.

18. Planteada una moción de censura al Gobierno, ¿pueden presentarse otras mociones alternativas?

a) No, por lo menos hasta que se proceda a la votación de aquella.

b) Sí, durante los dos días siguientes a la presentación de aquella.

c) Sí, durante los cinco días siguientes a la presentación de aquella.

d) Sí, sin plazo previsto.

19. ¿Cuál de los siguientes órganos no son nombrados entre funcionarios de carrera del Estado, Comunidades Autónomas o Entidades Locales, pertenecientes al Subgrupo A1?

a) Todos los órganos directivos deben ser funcionarios de carrera.

b) Subsecretarios.

c) Secretarios Generales Técnicos.

d) Secretarios Generales.

20. ¿En qué caso excepcional admite el art. 145 de la Constitución Española, la federación de Comunidades Autónomas?

a) Cuando así lo decidan los Parlamentos de las Comunidades Autónomas afectadas, mediante acuerdo adoptado por la mayoría absoluta de sus miembros y lo autoricen las Cortes Generales, mediante una Ley Orgánica.

b) Cuando lo aprueben por mayoría absoluta todos los Ayuntamientos de las CCAA afectadas, y así lo autoricen las Cortes Generales, mediante una Ley Orgánica.

c) Cuando así apruebe expresamente las Cortes Generales, mediante Ley Orgánica y cuente con el visto bueno del Consejo de Estado.

d) En ningún caso.

21. ¿Cuáles son los dos principios básicos del derecho a la autonomía según EN-TRENA CUESTA?

a) Solidaridad y autogobierno.

b) Igualdad y solidaridad.

c) Cooperación y coordinación.

d) Legalidad y solidaridad.

22. ¿Quién controla la actividad de la Administración autónoma y sus normas reglamentarias?

a) El Tribunal Constitucional.

b) El Gobierno.

c) Las Cortes Generales.

d) La Jurisdicción Contencioso–Administrativa.

23. El art. 156 CE establece que las Comunidades Autónomas gozarán de autonomía financiera para el desarrollo y ejecución de sus competencias con arreglo a los principios de:

a) Igualdad entre Comunidades Autónomas y eficacia en la gestión del gasto.

b) Austeridad en el gasto y solidaridad entre las regiones.

c) Coordinación con la Hacienda estatal y de solidaridad entre todos los españoles.

d) Igualdad entre todos los españoles y coordinación.

24. Señala uno de los recursos de las Comunidades Autónomas:

a) Sus propios impuestos, tasas y contribuciones especiales.

b) Rendimientos procedentes de su patrimonio e ingresos de Derecho Privado.

c) Transferencias de un Fondo de Compensación Interterritorial y otras asignaciones con cargo a los Presupuestos Generales del Estado.

d) Todas son correctas.

25. ¿Cuál es el Fondo diseñado por la Constitución Española para corregir los desequilibrios económicos interterritoriales y hacer efectivo el principio de solidaridad?

a) El Fondo de Garantía.
b) El Fondo de Compensación.
c) El Fondo de Solidaridad.
d) El Fondo de Igualdad Interterritorial.

26. En relación a las Mancomunidades, reguladas en el artículo 44 de la Ley 7/1985, señala la respuesta correcta:

a) Se reconoce a los municipios el derecho a asociarse con otros en mancomunidades para la coordinación de determinados servicios y obras.
b) No podrán integrarse en la misma mancomunidad municipios de diferentes comunidades autónomas.
c) El procedimiento de aprobación de los estatutos de las mancomunidades se determinará por la legislación local correspondiente.
d) En todo caso, los órganos de gobierno serán representativos de los ayuntamientos mancomunados.

27. ¿Pueden las Comarcas agrupar a municipios de más de una provincia?

a) No, en ningún caso.
b) Sí, pero será necesario el informe favorable de las Diputaciones Provinciales a cuyo ámbito territorial pertenezcan tales municipios.
c) Sí, a propuesta de las Comunidades Autónomas respectivas.
d) Sí, en todo caso.

28. En los municipios no sujetos al régimen de municipios de gran población, la atribución de la declaración de lesividad de los actos del Ayuntamiento compete:

a) Al Pleno.
b) Al Alcalde.
c) A la Junta de Gobierno Local.
d) Ninguno de ellos.

29. El plazo de exposición pública de los acuerdos provisionales de aprobación de Ordenanzas Fiscales será:

a) 30 días hábiles como mínimo.
b) 30 días naturales como máximo.
c) 30 días hábiles como máximo.
d) 15 días, en todo caso.

30. El Bando es:

a) Una ordenanza municipal.
b) Un reglamento orgánico.
c) Un acto de la Alcaldía que no innova el ordenamiento jurídico municipal.
d) Ninguna es correcta.

31. Una Ordenanza Fiscal entra en vigor:

a) A los 15 días de su publicación en el BOP o CA uniprovincial.
b) En el momento de su publicación en el BOP o CA uniprovincial.
c) Al día siguiente de su publicación en el BOP o CA uniprovincial.
d) Habrá que estar a lo establecido reglamentariamente.

32. Según el artículo 26 de la LRL, en todos los municipios, se deben prestar los siguientes servicios:

a) Alumbrado público, cementerio, recogida de residuos, limpieza viaria, abastecimiento domiciliario de agua potable, alcantarillado, acceso a los núcleos de población, pavimentación de las vías públicas.
b) Alumbrado público, cementerio, recogida de residuos, limpieza viaria, abastecimiento domiciliario de agua potable, alcantarillado, acceso a los núcleos de población, pavimentación de las vías públicas, control de alimentos y bebidas y biblioteca pública.
c) Alumbrado público, cementerio, recogida de residuos, limpieza viaria, abastecimiento domiciliario de agua potable, alcantarillado, acceso a los núcleos de población, pavimentación de las vías públicas, control de alimentos y bebidas, biblioteca pública y prestación de servicios sociales.
d) Ninguna es correcta.

33. La renovación de la inscripción en el padrón municipal de habitantes deberá ser objeto de renovación periódica:

a) Cada dos años, en caso de extranjeros.
b) Cada dos años, en caso de extranjeros no comunitarios.
c) Cada dos años, en caso de extranjeros no comunitarios sin autorización de residencia permanente.
d) Cada dos años, en caso de extranjeros comunitarios con autorización de residencia permanente.

34. Fuera de los casos de delegación, le corresponde al Alcalde, la siguiente competencia:

a) La aprobación de la plantilla de personal y de la relación de puestos de trabajo, la fijación de la cuantía de las retribuciones complementarias fijas y periódicas de los funcionarios y el número y régimen del personal eventual.

b) Las aprobaciones de los instrumentos de planeamiento de desarrollo del planeamiento general no expresamente atribuidas al Pleno, así como la de los instrumentos de gestión urbanística y de los proyectos de urbanización.

c) El planteamiento de conflictos de competencias a otras entidades locales y demás Administraciones Públicas.

d) Ninguna es correcta.

35. Es función del Consejo de Empadronamiento:

a) Informar, con carácter vinculante, las discrepancias que surjan en materia de empadronamiento.

b) Informar, con carácter vinculante, las instrucciones técnicas precisas para la gestión de los padrones municipales.

c) Informar, con carácter vinculante, las propuestas que eleve al Gobierno, el Presidente del Instituto Nacional de Estadística, sobre cifras oficiales de población de los municipios españoles.

d) Informar, sin vinculación alguna, de todas las propuestas elevadas al Gobierno.

36. Corresponde, en todo caso, al Pleno de la Diputación, conforme al artículo 33 de la Ley reguladora de las Bases de Régimen Local:

a) El ejercicio de acciones judiciales y administrativas y la defensa de la Corporación.

b) La aprobación de la plantilla de personal, la relación de puestos de trabajo, la fijación de la cuantía de las retribuciones complementarias fijas y periódicas de los funcionarios y el número y régimen del personal eventual.

c) La aprobación y modificación de los Presupuestos, la disposición de gastos dentro de los límites de su presupuesto y la aprobación provisional de las cuentas; todo ello de acuerdo con lo dispuesto en la Ley Reguladora de las Haciendas Locales.

d) Todas son correctas.

37. ¿Cuál de las siguientes atribuciones puede delegar el Pleno de la Diputación?

a) Todas las competencias establecidas en el artículo 33 de la Ley 7/1985, se pueden delegar.

b) La declaración de lesividad de los actos de la Diputación.

c) El control y la fiscalización de los órganos de gobierno.

d) La aprobación de los planes de carácter provincial.

38. Entre las competencias que el Pleno de la Diputación no puede delegar, tal y como establece el artículo 33 de la Ley 7/1985, se encuentra:

a) La aprobación de los proyectos de obra y de servicios cuando sea competente para su contratación o concesión y cuando aún no estén previstos en los Presupuestos.

b) El ejercicio de acciones judiciales y administrativas y la defensa de la Corporación en materias de competencia plenaria.

c) La alteración de la calificación jurídica de los bienes de dominio público.

d) El planteamiento de conflictos de competencias a otras Entidades Locales y demás Administraciones Públicas.

39. Los documentos electrónicos deberán conservarse en un formato que permita:

a) Garantizar la autenticidad, integridad y conservación del documento.

b) Garantizar la consulta del documento con independencia del tiempo transcurrido desde su emisión.

c) La ley no habla de la conservación de los documentos.

d) Garantizar la autenticidad, integridad y conservación del documento, así como su consulta con independencia del tiempo transcurrido desde su emisión.

40. Según indica la Ley 39/2015, los menores de edad, ante las Administraciones Públicas:

a) No tienen capacidad de obrar.

b) Tienen capacidad de obrar en todos los casos.

c) Tienen capacidad de obrar, en algunos casos.

d) Ninguna es correcta.

41. ¿Quién puede actuar como representante de otra, ante una Administración Pública?

a) Todas las personas mayores de edad.

b) Cualquier persona física

c) Las personas físicas con capacidad de obrar y las personas jurídicas, siempre que ello esté previsto en sus Estatutos.

d) Todas son correctas.

42. En los procedimientos tramitados por las Administraciones de las Comunidades Autónomas y de las Entidades Locales, el uso de la lengua se ajustará a lo previsto:

a) En la Constitución española.

b) En la Ley 39/2015.

c) En la legislación autonómica correspondiente.

d) Ninguna es correcta.

43. Sobre los procedimientos finalizados cada Administración deberá mantener:

a) Un archivo electrónico único de los documentos electrónicos.

b) Un archivo electrónico de los documentos.

c) Un archivo de los documentos.

d) Todas son correctas.

44. Los documentos electrónicos deberán conservarse en un formato que permita:

a) Garantizar la autenticidad, integridad y conservación del documento.

b) Garantizar la consulta del documento con independencia del tiempo transcurrido desde su emisión.

c) La ley no habla de la conservación de los documentos.

d) Garantizar la autenticidad, integridad y conservación del documento, así como su consulta con independencia del tiempo transcurrido desde su emisión.

45. Los interesados en un procedimiento que conozcan datos que permitan identificar a otros interesados que no hayan comparecido en él ¿tienen el deber de proporcionárselos a la Administración actuante?

a) Sí.

b) No.

c) Solo en los casos que señala la Ley.

d) La Ley no dice nada al respecto.

46. ¿Cuándo será obligatoria la comparecencia de las personas ante las oficinas públicas, ya sea presencialmente o por medios electrónicos?

a) Solo será obligatoria cuando así esté previsto en una norma con rango de ley.

b) Nunca puede ser obligatoria la comparecencia de las personas ante las oficinas públicas.

c) La ley no dice nada al respecto.

d) Ninguna es correcta.

47. El órgano instructor resolverá la finalización del procedimiento, con archivo de las actuaciones, sin que sea necesaria la formulación de la propuesta de resolución, cuando en la instrucción procedimiento se ponga de manifiesto que concurre alguna de las siguientes circunstancias:

a) La inexistencia de los hechos que pudieran constituir la infracción.

b) Cuando los hechos no resulten acreditados.

c) Cuando los hechos probados no constituyan, de modo manifiesto, infracción administrativa.

d) Todas son correctas.

48. En los casos en que proceda la comparecencia de personas ante las oficinas públicas, la correspondiente citación hará constar expresamente:

a) El lugar, fecha, hora y objeto de la comparecencia.

b) El lugar, fecha, hora, los medios disponibles y objeto de la comparecencia.

c) El lugar, fecha, hora, los medios disponibles y objeto de la comparecencia, así como los efectos de no atenderla.

d) Ninguna es correcta.

49. Cuando se produzca la comparecencia de personas ante las oficinas públicas las Administraciones Públicas entregarán al interesado certificación acreditativa:

a) En todo momento.

b) Cuando lo solicite el interesado.

c) En ningún caso.

d) Solo en los casos establecidos en la Ley.

50. ¿Cuál es el plazo máximo fijado por la norma reguladora del correspondiente procedimiento en el que debe notificarse la resolución expresa?

a) El plazo no podrá exceder de un mes salvo que una norma con rango de Ley establezca uno mayor o así venga previsto en el Derecho de la Unión Europea.

b) El plazo no podrá exceder de dos meses salvo que una norma con rango de Ley establezca uno mayor o así venga previsto en el Derecho de la Unión Europea.

c) El plazo no podrá exceder de tres meses salvo que una norma con rango de Ley establezca uno mayor o así venga previsto en el Derecho de la Unión Europea.

d) El plazo no podrá exceder de seis meses salvo que una norma con rango de Ley establezca uno mayor o así venga previsto en el Derecho de la Unión Europea.

51. ¿Qué se entiende por propia iniciativa?

a) La actuación derivada del conocimiento directo o indirecto de las circunstancias, conductas o hechos objeto del procedimiento por el órgano que tiene atribuida la competencia de iniciación

b) La actuación derivada del conocimiento directo de las circunstancias, conductas o hechos objeto del procedimiento por el órgano que tiene atribuida la competencia de iniciación

c) La actuación derivada del conocimiento indirecto de las circunstancias, conductas o hechos objeto del procedimiento por el órgano que tiene atribuida la competencia de iniciación

d) Ninguna es correcta.

52. ¿Qué se entiende por orden superior, según la Ley 39/2015?

a) La orden que da el órgano superior.

b) La orden que da alguien superior.

c) La emitida por un órgano administrativo superior jerárquico del competente para la iniciación del procedimiento.

d) En la ley no se define este concepto.

53. En el inicio del procedimiento por petición razonada de otros órganos, se entiende por petición razonada:

a) La propuesta de iniciación del procedimiento formulada por cualquier órgano administrativo que no tiene competencia para iniciar el mismo y que ha tenido conocimiento de las circunstancias, conductas o hechos objeto del procedimiento, bien ocasionalmente o bien por tener atribuidas funciones de inspección, averiguación o investigación.

b) La propuesta de iniciación del procedimiento formulada por cualquier órgano administrativo que tiene competencia para iniciar el mismo.

c) Una propuesta que está razonada.

d) Ninguna es correcta.

54. Cuando la competencia para instruir y resolver un procedimiento no recaiga en un mismo órgano, indica el artículo 88 de la Ley 39/2015:

a) El procedimiento será nulo.

b) Será necesario que el instructor eleve al órgano competente para resolver una propuesta de resolución.

c) Deberá motivarse.

d) El acto debe convalidarse.

55. El órgano instructor resolverá la finalización del procedimiento, con archivo de las actuaciones, sin que sea necesaria la formulación de la propuesta de resolución, cuando en la instrucción procedimiento se ponga de manifiesto que concurre alguna de las siguientes circunstancias, según artículo 89 de la Ley 39/2015:

a) La inexistencia de los hechos que pudieran constituir la infracción.

b) Cuando los hechos no resulten acreditados.

c) Cuando los hechos probados no constituyan, de modo manifiesto, infracción administrativa.

d) Todas son correctas.

56. Tal y como indica el artículo 90 de la Ley 39/2015, cuando las conductas sancionadas hubieran causado daños o perjuicios a las Administraciones y la cuantía destinada a indemnizar estos daños no hubiera quedado determinada en el expediente:

a) Se fijará en el mismo procedimiento.

b) Suspenderá el procedimiento.

c) Se fijará mediante un procedimiento complementario.

d) Ninguna es correcta.

57. ¿Qué plazo, según el artículo 91 de la Ley 39/2015, debe transcurrir desde que se inicia un procedimiento de responsabilidad patrimonial sin que haya recaído y notificado resolución expresa, para entenderlo desestimado?

a) Un mes.

b) Tres meses.

c) Un año.
d) Seis meses.

58. ¿Quién es competente para resolver un procedimiento de responsabilidad patrimonial, según indica el artículo 92 de la Ley 39/2015?

a) El Ministro respectivo en el ámbito de la AGE.
b) El Consejo de Ministros en el ámbito de la AGE, en los casos establecidos.
c) Los órganos correspondientes de las CCAA o Entidades Locales.
d) Todas son correctas.

59. ¿Cuántos días hábiles de permiso se concederán en el caso de fallecimiento del cónyuge, pareja de hecho o familiar dentro del primer grado de consanguinidad o afinidad, cuando el hecho se produzca en distinta localidad de la del domicilio del funcionario?

a) Dos días.
b) Tres días.
c) Cuatro días.
d) Cinco días.

60. Según el Estatuto Básico del Empleado Público, a quienes se encuentren la situación de excedencia, por interés particular:

a) Les será computable el tiempo que permanezcan en tal situación a efectos de ascensos.
b) Les será computable el tiempo que permanezcan en tal situación a efectos de trienios y ascensos.
c) No devengarán retribuciones.
d) Todas son correctas.

61. ¿Qué norma establece el régimen de incompatibilidades del Personal al Servicio de las Administraciones Públicas?

a) El Real Decreto 65/2001, de 2 de noviembre.
b) La Ley 53/1984, de 26 de diciembre.
c) La Ley 21/2008, de 30 de abril.
d) El Real Decreto 861/1986, de 25 de abril.

62. Según el artículo 13 del Real Decreto Legislativo 5/2015, de 30 de octubre, por el que se aprueba el texto refundido de la Ley del Estatuto Básico del Empleado Público, el personal directivo:

a) Desarrolla funciones expresamente calificadas como de confianza o asesoramiento.
b) La determinación de sus condiciones de trabajo no tiene la consideración de materia objeto de negociación colectiva.

c) No está sujeto a evaluación con arreglo a los criterios de eficacia y eficiencia.

d) Su desempeño no constituye mérito para el acceso a la promoción interna.

63. En aplicación del Real Decreto Legislativo 781/1986, un oficial del servicio de jardinería pertenece a:

a) La Escala de Administración Especial, Subescala subalterna, clase personal de oficios.

b) La Escala de Administración Especial, Subescala servicios especiales, clase personal de oficios.

c) La Escala de Administración Especial, Subescala de gestión, clase personal de oficios.

d) La Escala de Administración Especial, Subescala técnica, personal de cometidos especiales.

64. Es causa de la pérdida de la condición de funcionario de carrera según el artículo 63 del Real Decreto Legislativo 5/2015, de 30 de octubre, por el que se aprueba el texto refundido de la Ley del Estatuto Básico del Empleado Público:

a) La jubilación parcial del funcionario.

b) La adquisición de la doble nacionalidad del funcionario.

c) La concesión de excedencia voluntaria por interés particular.

d) La pena accesoria de inhabilitación especial para cargo público con carácter firme.

65. Según el artículo 89 del Real Decreto Legislativo 5/2015, de 30 de octubre, por el que se aprueba el texto refundido de la Ley del Estatuto Básico del Empleado Público, no tienen reserva de puesto de trabajo las siguientes modalidades de excedencia:

a) Excedencia para atender cuidado de cada hijo por plazo máximo de tres años.

b) Excedencia por razón de violencia de género por plazo de dos años.

c) Excedencia por razón de violencia terrorista durante los 6 primeros meses.

d) Todas las anteriores conllevan reserva de puesto de trabajo.

66. De acuerdo con el artículo 14 del Real Decreto Legislativo 5/2015, de 30 de octubre, por el que se aprueba el texto refundido de la Ley del Estatuto Básico del Empleado Público, ¿cuál de los siguientes no es un derecho individual de los empleados públicos?

a) A la defensa jurídica y protección de la Administración Pública en los procedimientos que se sigan ante cualquier orden jurisdiccional en todo caso.

b) A la libertad de expresión dentro de los límites del ordenamiento jurídico.

c) A la libre asociación profesional.

d) A la inamovilidad en la condición de funcionario de carrera.

67. Según el artículo 95 del Real Decreto Legislativo 5/2015, de 30 de octubre, por el que se aprueba el texto refundido de la Ley del Estatuto Básico del Empleado Público, no es una falta muy grave:

a) El abandono del servicio.

b) La obstaculización al ejercicio de las libertades públicas y derechos sindicales.

c) El notorio cumplimiento de las funciones esenciales inherentes al puesto de trabajo o funciones encomendadas.

d) El acoso laboral.

68. Según la Ley del Estatuto Básico del Empleado Público, R.D.L. 5/2015, de 30 de octubre, referente a los Servicios Especiales, diga qué afirmación es incorrecta:

a) El funcionario de carrera pasará a la situación administrativa de servicios especiales cuando adquiera la condición de funcionario al servicio de organizaciones internacionales.

b) El funcionario de carrera pasará a la situación administrativa de servicios especiales cuando sea designado asesor de los grupos parlamentarios de las Cortes Generales o de las asambleas legislativas de las Comunidades Autónomas.

c) El funcionario de carrera pasará a la situación administrativa de servicios especiales cuando sean activados como reservistas voluntarios para prestar servicios en las Fuerzas Armadas.

d) El funcionario de carrera pasará a la situación administrativa de servicios especiales cuando sean autorizados para realizar una misión por período determinado superior a tres meses en organismos internacionales, gobiernos o entidades públicas extranjeras o en programas de cooperación internacional.

69. Según la Ley de Haciendas Locales, uno de los siguientes no es un recurso de las entidades locales:

a) Las subvenciones.

b) Los percibidos en concepto de precios públicos.

c) El producto de las operaciones de crédito.

d) El producto de las multas y sanciones, en cualquier ámbito de competencias.

70. Los bienes de dominio público local, según indica el artículo 3.3. de la Ley de Haciendas Locales:

a) Tendrán la consideración de ingresos de derecho privado, en todo caso.

b) Son de uso público, en todo caso.

c) Excepcionalmente, podrán tener la consideración de ingresos de derecho privado.

d) Ninguna es correcta.

71. Los tributos que establezcan las entidades locales al amparo de lo dispuesto en el artículo 106.1 de la Ley 7/1985, de 2 de abril, Reguladora de las Bases del Régimen Local, respetarán, en todo caso, los siguientes principios:

a) No someter a gravamen bienes situados, actividades desarrolladas, rendimientos originados ni gastos realizados fuera del territorio de la respectiva entidad.

b) No gravar, como tales, negocios, actos o hechos celebrados o realizados fuera del territorio de la Entidad impositora, ni el ejercicio o la transmisión de bienes, derechos u obligaciones que no hayan nacido ni hubieran de cumplirse en dicho territorio.

c) No implicar obstáculo alguno para la libre circulación de personas, mercancías o servicios y capitales, ni afectar de manera efectiva a la fijación de la residencia de las personas o la ubicación de empresas y capitales dentro del territorio español, sin que ello obste para que las entidades locales puedan instrumentar la ordenación urbanística de su territorio.

d) Todas son correctas.

72. Las EELL podrán delegar en la comunidad autónoma:

a) Las facultades de gestión, liquidación, inspección y recaudación tributaria que la Ley de Haciendas Locales, les atribuye.

b) No podrán delegar las EELL, las facultades de gestión, liquidación, inspección y recaudación de los restantes ingresos de Derecho público que les correspondan.

c) Con el alcance y contenido de la delegación por acuerdo de la Junta de Gobierno.

d) Ninguna es correcta.

73. Las ordenanzas fiscales a que se refiere el apartado 1 del artículo 15 de la LHL contendrán, al menos:

a) La determinación del hecho imponible, sujeto pasivo, responsables, exenciones, reducciones y bonificaciones, base imponible y liquidable, tipo de gravamen o cuota tributaria, período impositivo y devengo.

b) Los regímenes de declaración y de ingreso.

c) Las fechas de su aprobación y del comienzo de su aplicación.

d) Todas son correctas.

74. Respecto de la publicación de las Ordenanzas Fiscales, señala la opción correcta:

a) Las Ordenanzas habrán de ser publicadas en el BOE.

b) Entran en vigor a los 15 días de su publicación.

c) Las diputaciones provinciales, consejos, cabildos insulares y, en todo caso, las demás entidades locales cuando su población sea superior a 10.000 habitantes, editarán el texto íntegro de las ordenanzas fiscales reguladoras de sus tributos dentro del primer cuatrimestre del ejercicio económico correspondiente.

d) Ninguna es correcta.

75. El establecimiento por parte de una Entidad Bancaria de un cajero automático en la vía pública puede devengar la exigencia de:

a) Tasa.

b) Impuesto municipal de ocupación del dominio público.

c) Contribución especial.

d) Precio público.

76. Conforme al artículo 44 del Real Decreto Legislativo 2/2004, de 5 de marzo, por el que se aprueba el texto refundido de la Ley Reguladora de las Haciendas Locales, el importe de los precios públicos:

a) Siempre deberá cubrir como mínimo el coste del servicio prestado o de la actividad realizada.

b) No podrá exceder, en su conjunto, del coste real o previsible del servicio o actividad de que se trate o, en su defecto, del valor de la prestación recibida.

c) Podrá fijarse por debajo del coste del servicio prestado o de la actividad realizada cuando existan razones sociales, benéficas, culturales o de interés público que así lo aconsejen.

d) Ninguna de las anteriores.

77. Entre los supuestos de no sujeción al impuesto de bienes inmuebles que reconoce el Real Decreto Legislativo 2/2004, de 5 de marzo, por el que se aprueba el texto refundido de la Ley Reguladora de las Haciendas Locales, se encuentran los siguientes bienes inmuebles propiedad de los municipios en que estén enclavados:

a) Los de dominio público afectos a uso público.

b) Los de dominio público afectos a un servicio público gestionado directamente por el Ayuntamiento, incluso cuando se trate de inmuebles cedidos a terceros mediante contraprestación.

c) Los bienes patrimoniales, incluso los cedidos a terceros mediante contraprestación.

d) Todas son correctas.

78. Según el Real Decreto Legislativo 2/2004, de 5 de marzo, por el que se aprueba el texto refundido de la Ley Reguladora de las Haciendas Locales, el tipo de gravamen del impuesto sobre construcciones, instalaciones y obras...

a) Será fijado por cada Ayuntamiento, sin que pueda exceder del 4%

b) Será fijado por cada Ayuntamiento, sin que pueda exceder del 4,5%

c) Será fijado por cada Ayuntamiento, sin que pueda exceder del 5%

d) Ninguna es correcta.

79. El Real Decreto-Ley 16/2022, de 6 de septiembre, para la mejora de las condiciones de trabajo y de Seguridad Social de las personas trabajadores al servicio del hogar:

a) Ha suprimido el artículo 3.4. de la LPRL.

b) Ha añadido una disposición transitoria 18ª a la LPRL.

c) Ha añadido nuevas funciones a los Delegados de Prevención.

d) Todas son correctas.

80. En el ámbito de las Comunidades Autónomas y las entidades locales, las funciones que la Ley de Prevención de Riesgos Laborales, atribuye a las autoridades laborales y a la Inspección de Trabajo y Seguridad Social:

a) Deberán ser atribuidas a órganos diferentes.
b) Podrán ser atribuidas a órganos diferentes.
c) Será en todo caso, atribuida por funcionarios con habilitación de carácter nacional.
d) Ninguna es correcta.

81. Las Administraciones públicas promoverán la efectividad del principio (art. 5 LPRL):

a) De paridad entre mujeres y hombres.
b) De presencia equilibrada entre mujeres y hombres.
c) De igualdad entre mujeres y hombres.
d) Son correctas b) y c).

82. Indica la opción correcta, en relación a la Ley de Prevención de Riesgos Laborales (LRPL):

a) La política en materia de prevención de riesgos laborales gestionará la integración eficaz de la prevención de riesgos laborales en el sistema de gestión de la empresa.
b) La política en materia de seguridad y salud en el trabajo tendrá en cuenta las necesidades y dificultades específicas de las pequeñas y medianas empresas.
c) La política en materia de prevención de riesgos laborales podrá promover la integración eficaz de la prevención de riesgos laborales en el sistema de gestión de la empresa.
d) Ninguna es correcta.

83. Deberá incorporarse un informe sobre su aplicación en las pequeñas y medianas empresas que incluirá, en su caso, las medidas particulares que para estas se contemplen (art. 5 LRPL):

a) En el procedimiento de elaboración de las disposiciones de carácter general en materia de prevención de riesgos laborales.
b) En el procedimiento de elaboración de las disposiciones de carácter particular en materia de prevención de riesgos laborales.
c) Ambas son correctas.
d) Ninguna es correcta.

84. El Consejo de Transparencia y Buen Gobierno estará compuesto, como establece el artículo 35 de la Ley 19/2013, por los siguientes órganos:

a) La Comisión de Transparencia y Buen Gobierno y el Secretario de Estado de Hacienda, que presidirá la Comisión.
b) La Comisión de Transparencia y Buen Gobierno y el Presidente del Consejo de Transparencia y Buen Gobierno, que lo será también de su Comisión.

c) El Presidente del Consejo de Transparencia y Buen Gobierno y el Consejo Consultivo de la Agencia Española de Protección de Datos.

d) La Comisión de Transparencia y Buen Gobierno y el Consejo Consultivo de la Agencia Española de Protección de Datos.

85. El artículo 12 de la Ley 19/2013 reconoce el derecho de acceso a la información pública:

a) A los ciudadanos españoles y a los ciudadanos de los Estados miembros de la Unión Europea.

b) A todas las personas.

c) A los interesados en los procedimientos administrativos.

d) A los representantes de intereses legítimos debidamente acreditados.

86. Indica el contenido que NO constituye un límite al derecho de acceso a la información y que, por tanto, no se menciona en el artículo 14 de la Ley 19/2013:

a) La protección del medio ambiente.

b) La seguridad pública.

c) Las relaciones exteriores.

d) La salud pública.

87. El artículo 26 de la ley 19/2013 desglosa los principios de buen gobierno a los que someterán su actuación los miembros del Gobierno y los altos cargos. Entre los principios generales que señala figura:

a) No se implicarán en situaciones, actividades o intereses incompatibles con sus funciones y se abstendrán de intervenir en los asuntos en que concurra alguna causa que pueda afectar a su objetividad.

b) Guardarán la debida reserva respecto a los hechos o informaciones conocidos con motivo u ocasión del ejercicio de sus competencias.

c) Mantendrán una conducta digna y tratarán a los ciudadanos con esmerada corrección.

d) No aceptarán para sí regalos que superen los usos habituales, sociales o de cortesía, ni favores o servicios en condiciones ventajosas que puedan condicionar el desarrollo de sus funciones.

88. Según la Ley 19/2013, de 9 de diciembre, de Transparencia, Acceso a la Información Pública y Buen Gobierno, el derecho de acceso podrá ser limitado cuando acceder a la información suponga un perjuicio para:

a) La seguridad pública.

b) La igualdad de las partes en los procesos judiciales y la tutela judicial efectiva.

c) La política económica y monetaria.

d) Todo lo anterior.

89. La motivación de una solicitud de acceso a la información, según la Ley 19/2013:

a) Es requisito ineludible para que se facilite la información.
b) Será causa de rechazo de la solicitud.
c) Las dos respuestas anteriores son ciertas.
d) Se deja a la decisión del solicitante.

90. Señala la respuesta correcta, en relación a la resolución por la que se conceda o deniegue el acceso según el artículo 20 de la Ley 19/2013:

a) Deberá notificarse al solicitante y a los terceros afectados que así lo hayan solicitado en el plazo máximo de quince días.
b) Este plazo no podrá ampliarse.
c) Transcurrido el plazo máximo para resolver sin que se haya dictado y notificado resolución expresa se entenderá que la solicitud ha sido estimada.
d) Ninguna es correcta.

91. ¿Se puede interponer reclamación ante el Consejo de Transparencia y Buen gobierno, frente a toda resolución?

a) Solo si es expresa.
b) Sí, con carácter preceptivo
c) Sí, con carácter potestativo y previo a su impugnación en vía contencioso-administrativa.
d) Sí, tramitándose según establece la Ley 19/2013.

92. ¿Qué Ley Orgánica crea los Juzgados de Violencia sobre la Mujer?

a) La Ley Orgánica 10/2022.
b) La Ley Orgánica 1/2004.
c) La Ley Orgánica 3/2007.
d) El Código Penal.

93. ¿A quién le corresponde asesorar a los órganos competentes del departamento en la elaboración del informe sobre impacto por razón de género?

a) A la Comisión Interministerial de Igualdad entre mujeres y hombres.
b) A las Unidades de Igualdad.
c) Al Consejo de Participación de la Mujer.
d) Ninguna es correcta.

94. ¿Dónde se regula la presencia o composición equilibrada?

a) En la disposición adicional segunda de la Ley Orgánica 3/2007.
b) En la Ley Orgánica 1/2004.
c) En el artículo 15 de la Ley Orgánica 3/2007.
d) Ninguna es correcta.

95. ¿Cómo se denomina el órgano colegiado de consulta y asesoramiento, con el fin esencial de servir de cauce para la participación de las mujeres en la consecución efectiva del principio de igualdad de trato y de oportunidades entre mujeres y hombres y la lucha contra la discriminación por razón de sexo?

a) Ministerio de Igualdad.
b) Consejo de Participación de la Mujer.
c) Instituto de la Mujer.
d) Comisión Interministerial de Igualdad entre mujeres y hombres.

96. Las empresas deberán promover condiciones de trabajo que eviten la comisión de delitos y otras conductas contra la libertad sexual y la integridad moral en el trabajo, incidiendo especialmente:

a) En la discriminación directa e indirecta.
b) En el acoso sexual y el acoso por razón de sexo, incluidos los cometidos en el ámbito digital.
c) En el acoso sexual y el acoso por razón de sexo, excluidos los cometidos en el ámbito digital.
d) Ninguna es correcta.

97. Desde la responsabilidad del Gobierno del Estado y de manera inmediata a la entrada en vigor de esta ley orgánica 1/2004, con la consiguiente dotación presupuestaria, se pondrá en marcha un Plan Estatal de Sensibilización y Prevención de la Violencia de Género con carácter permanente que como mínimo recoja los siguientes elementos:

a) Que introduzca en el escenario social las nuevas escalas de valores basadas en el respeto de los derechos y libertades fundamentales y de la igualdad entre hombres y mujeres, así como en el ejercicio de la tolerancia y de la libertad dentro de los principios democráticos de convivencia, todo ello desde la perspectiva de las relaciones de género.
b) Dirigido tanto a hombres como a mujeres, desde un trabajo comunitario e intercultural, incluyendo el ámbito de las tecnologías de la información y el digital.
c) Que contemple un amplio programa de formación complementaria y de reciclaje de los profesionales que intervienen en estas situaciones.
d) Todas son correctas.

98. La Disposición Transitoria décima segunda de la Ley Orgánica 3/2007, de 22 de marzo, para la igualdad efectiva entre hombres y mujeres respecto de la aplicación paulatina de los artículos 45 y 46 en la redacción dada por el Real Decreto-ley 6/2019, de 1 de marzo, de medidas urgentes para garantía de la igualdad de trato y de oportunidades entre mujeres y hombres en el empleo y la ocupación, prevé un periodo de tiempo para la aprobación de un plan de igualdad. Señala la afirmación incorrecta:

a) Las empresas de cincuenta a cien trabajadores-as dispondrán de un periodo de tres años.
b) Las empresas de más de cien trabajadores-as y hasta ciento cincuenta personas trabajadoras, dispondrán de un periodo de dos años.

c) Las empresas de más de ciento cincuenta personas trabajadoras y hasta doscientas cincuenta personas trabajadoras contarán con un periodo de un año.

d) Ninguna de las anteriores es correcta, ya que la obligatoriedad de contar con plan de igualdad es para empresas a partir de doscientos cincuenta trabajadores en plantilla.

99. De acuerdo con el art. 10 de la Ley Orgánica 3/2007, de 22 de marzo, para la igualdad efectiva de mujeres y hombres, los actos y las cláusulas de los negocios jurídicos que constituyan o causen discriminación por razón de sexo:

a) Se considerarán anulables y sin efecto.

b) Darán lugar a responsabilidad.

c) Se considerarán nulos y no podrán dar lugar a responsabilidad.

d) Se considerarán inexistentes y no podrán dar lugar a responsabilidad.

100. Según lo dispuesto en el artículo 17 de la Ley Orgánica 3/2007, de 22 de marzo, para la igualdad efectiva de mujeres y hombres, aprobar un Plan Estratégico de Igualdad de Oportunidades, corresponde:

a) Al Gobierno, en las materias que sean de la competencia del Estado.

b) A las Comunidades Autónoma, para su ámbito territorial, en las materias que sean competencias del Estado.

c) Al Congreso, en las materias que sean competencias del Estado.

d) Al Senado con periodicidad anual.

Solución simulacro n.º 2

1. c) Las asociaciones que persigan fines o utilicen medios tipificados como delito son ilegales.

2. d) No hay ninguna incorrecta.

3. c) La Administración civil podrá interponer sanciones por acciones que en el momento de producirse no constituyan infracción administrativa, según la legislación vigente en aquel momento.

4. c) El derecho a recibir libremente información veraz por cualquier medio de difusión.

5. c) Los poderes públicos.

6. d) Ante el Tribunal Constitucional.

7. b) Las Cortes Generales.

8. a) El estado de excepción será declarado por el Congreso, por mayoría de 3/5.

9. a) Garantizar la seguridad ciudadana.

10. b) El Alto patronazgo de las Reales Academias.

11. a) La Regencia se ejercerá por mandato constitucional y en nombre del Rey.

12. d) Todas son correctas.

13. d) El Tribunal Constitucional.

14. c) El Tribunal Supremo, con jurisdicción en toda España, es el órgano jurisdiccional superior en todos los órdenes, salvo lo dispuesto en materia de garantías constitucionales.

15. c) El órgano de gobierno del Poder Judicial.

16. b) Los jueces, de los Tribunales y del Ministerio Fiscal.

17. d) Exige la inclusión en la misma del nombre del candidato a la Presidencia del Gobierno.

18. b) Sí, durante los dos días siguientes a la presentación de aquella.

19. d) Secretarios Generales.

20. d) En ningún caso.

21. a) Solidaridad y autogobierno.

22. d) La Jurisdicción Contencioso–Administrativa.

23. c) Coordinación con la Hacienda estatal y de solidaridad entre todos los españoles.

24. d) Todas son correctas.

25. b) El Fondo de Compensación.

26. d) En todo caso, los órganos de gobierno serán representativos de los ayuntamientos mancomunados.

27. b) Sí, pero será necesario el informe favorable de las Diputaciones Provinciales a cuyo ámbito territorial pertenezcan tales municipios.

28. a) Al Pleno.

29. a) 30 días hábiles como mínimo.

30. c) Un acto de la Alcaldía que no innova el ordenamiento jurídico municipal.

31. b) En el momento de su publicación en el BOP o CA uniprovincial.

32. a) Alumbrado público, cementerio, recogida de residuos, limpieza viaria, abastecimiento domiciliario de agua potable, alcantarillado, acceso a los núcleos de población, pavimentación de las vías públicas.

33. c) Cada dos años, en caso de extranjeros no comunitarios sin autorización de residencia permanente.

34. b) Las aprobaciones de los instrumentos de planeamiento de desarrollo del planeamiento general no expresamente atribuidas al Pleno, así como la de los instrumentos de gestión urbanística y de los proyectos de urbanización.

35. c) Informar, con carácter vinculante, las propuestas que eleve al Gobierno, el Presidente del Instituto Nacional de Estadística, sobre cifras oficiales de población de los municipios españoles.

36. b) La aprobación de la plantilla de personal, la relación de puestos de trabajo, la fijación de la cuantía de las retribuciones complementarias fijas y periódicas de los funcionarios y el número y régimen del personal eventual.

37. b) La declaración de lesividad de los actos de la Diputación.

38. d) El planteamiento de conflictos de competencias a otras Entidades Locales y demás Administraciones Públicas.

39. d) Garantizar la autenticidad, integridad y conservación del documento, así como su consulta con independencia del tiempo transcurrido desde su emisión.

40. c) Tienen capacidad de obrar, en algunos casos

41. c) Las personas físicas con capacidad de obrar y las personas jurídicas, siempre que ello esté previsto en sus Estatutos.

42. c) En la legislación autonómica correspondiente.

43. a) Un archivo electrónico único de los documentos electrónicos.

44. d) Garantizar la autenticidad, integridad y conservación del documento, así como su consulta con independencia del tiempo transcurrido desde su emisión.

45. a) Sí.

46. a) Solo será obligatoria cuando así esté previsto en una norma con rango de ley.

47. d) Todas son correctas.

48. c) El lugar, fecha, hora, los medios disponibles y objeto de la comparecencia, así como los efectos de no atenderla.

49. b) Cuando lo solicite el interesado.

50. d) El plazo no podrá exceder de seis meses salvo que una norma con rango de Ley establezca uno mayor o así venga previsto en el Derecho de la Unión Europea.

51. a) La actuación derivada del conocimiento directo o indirecto de las circunstancias, conductas o hechos objeto del procedimiento por el órgano que tiene atribuida la competencia de iniciación

52. c) La emitida por un órgano administrativo superior jerárquico del competente para la iniciación del procedimiento.

53. a) La propuesta de iniciación del procedimiento formulada por cualquier órgano administrativo que no tiene competencia para iniciar el mismo y que ha tenido conocimiento de las circunstancias, conductas o hechos objeto del procedimiento, bien ocasionalmente o bien por tener atribuidas funciones de inspección, averiguación o investigación.

54. b) Será necesario que el instructor eleve al órgano competente para resolver una propuesta de resolución.

55. d) Todas son correctas.

56. c) Se fijará mediante un procedimiento complementario.

57. d) Seis meses.

58. d) Todas son correctas.

59. d) Cinco días.

60. c) No devengarán retribuciones.

61. b) La Ley 53/1984, de 26 de diciembre.

62. b) La determinación de sus condiciones de trabajo no tiene la consideración de materia objeto de negociación colectiva.

63. b) La Escala de Administración Especial, Subescala servicios especiales, clase personal de oficios.

64. d) La pena accesoria de inhabilitación especial para cargo público con carácter firme.

65. a) Excedencia para atender cuidado de cada hijo por plazo máximo de tres años.

66. a) A la defensa jurídica y protección de la Administración Pública en los procedimientos que se sigan ante cualquier orden jurisdiccional en todo caso.

67. c) El notorio cumplimiento de las funciones esenciales inherentes al puesto de trabajo o funciones encomendadas.

68. d) El funcionario de carrera pasará a la situación administrativa de servicios especiales cuando sean autorizados para realizar una misión por período determinado superior a tres meses en organismos internacionales, gobiernos o entidades públicas extranjeras o en programas de cooperación internacional.

69. d) El producto de las multas y sanciones, en cualquier ámbito de competencias.

70. d) Ninguna es correcta.

71. d) Todas son correctas.

72. a) Las facultades de gestión, liquidación, inspección y recaudación tributaria que la Ley de Haciendas Locales, les atribuye.

73. d) Todas son correctas.

74. d) Ninguna es correcta.

75. a) Tasa.

76. c) Podrá fijarse por debajo del coste del servicio prestado o de la actividad realizada cuando existan razones sociales, benéficas, culturales o de interés público que así lo aconsejen.

77. a) Los de dominio público afectos a uso público.

78. a) Será fijado por cada Ayuntamiento, sin que pueda exceder del 4%

79. a) Ha suprimido el artículo 3.4. de la LPRL.

80. b) Podrán ser atribuidas a órganos diferentes.

81. c) De igualdad entre mujeres y hombres.

82. b) La política en materia de seguridad y salud en el trabajo tendrá en cuenta las necesidades y dificultades específicas de las pequeñas y medianas empresas.

83. a) En el procedimiento de elaboración de las disposiciones de carácter general en materia de prevención de riesgos laborales.

84. b) La Comisión de Transparencia y Buen Gobierno y el Presidente del Consejo de Transparencia y Buen Gobierno, que lo será también de su Comisión.

85. b) A todas las personas.

86. d) La salud pública.

87. c) Mantendrán una conducta digna y tratarán a los ciudadanos con esmerada corrección.

88. d) Todo lo anterior.

89. d) Se deja a la decisión del solicitante.

90. d) Ninguna es correcta.

91. c) Sí, con carácter potestativo y previo a su impugnación en vía contencioso-administrativa.

92. b) La Ley Orgánica 1/2004.

93. b) A las Unidades de Igualdad.

94. d) Ninguna es correcta.

95. b) Consejo de Participación de la Mujer.

96. b) En el acoso sexual y el acoso por razón de sexo, incluidos los cometidos en el ámbito digital.

97. d) Todas son correctas.

98. d) Ninguna de las anteriores es correcta, ya que la obligatoriedad de contar con plan de igualdad es para empresas a partir de doscientos cincuenta trabajadores en plantilla.

99. b) Darán lugar a responsabilidad.

100. a) Al Gobierno, en las materias que sean de la competencia del Estado.

SIMULACRO N.º 3

1. Según la Constitución Española ¿cuál de los siguientes derechos no es fundamental?

a) El derecho a la libertad de cátedra.
b) El derecho a la producción y creación literaria.
c) El derecho a la libertad religiosa.
d) El derecho a la propiedad privada.

2. La Nación española declara su voluntad de establecer una sociedad:

a) Solidaria.
b) Democrática avanzada.
c) De derecho.
d) Social y democrática de derecho.

3. Respecto a los partidos políticos, señala la proposición incorrecta:

a) Los partidos políticos son instrumentos de participación política.
b) Los partidos políticos contribuyen a la defensa y promoción de los intereses económicos y sociales que le son propios.
c) Los partidos políticos expresan el pluralismo político.
d) Su estructura interna y funcionamiento deberán ser democráticos.

4. Según la CE, ¿quién constituye las Fuerzas Armadas?

a) Ejército de Tierra, la Armada, Ejército del Aire y la Guardia Civil.
b) Fuerzas y Cuerpos de Seguridad, Ejército del Aire y el Ejército de Tierra.
c) Armada, Ejército del Aire y Ejército de Tierra.
d) Armada, Ejército del Aire, Ejército de Tierra y la Guardia Civil.

5. La Constitución Española de 1978 no garantiza:

a) La jerarquía normativa y la publicidad de las normas.
b) La responsabilidad e interdicción de la arbitrariedad de los poderes públicos.
c) El principio de legalidad.
d) La retroactividad de las disposiciones sancionadoras no favorables.

6. Indica cuál de los siguientes no es un derecho fundamental:

a) Derecho a la intimidad personal y familiar y a la propia imagen.
b) Protección de la salud.
c) Libertad de cátedra.
d) Derecho de reunión pacífica y sin armas.

7. Señala la opción incorrecta sobre las reuniones en lugares de tránsito público:

a) Las reuniones en lugares de tránsito público no necesitarán comunicación previa.
b) Podrá prohibirse cuando existan razones fundadas de alteración del orden público.
c) Deberá darse comunicación previa a la autoridad.
d) La autoridad podrá prohibirlas cuando haya peligro para personas o bienes.

8. De los siguientes derechos, ¿cuál de ellos podrá recabarse por cualquier ciudadano mediante recurso de amparo ante el Tribunal Constitucional?

a) Derecho a la igualdad.
b) Derechos regulados en la Sección 1ª Capítulo II Título I.
c) Objeción de conciencia.
d) Todas son correctas.

9. Según la Constitución Española, es competencia del Rey:

a) Refrendar los actos del Presidente de Gobierno.
b) Previa autorización del Presidente de Gobierno, declarar la guerra y hacer la paz.
c) El Alto Patronazgo de las Reales Academias.
d) Sancionar y publicar las leyes.

10. El Rey tiene absolutos poderes discrecionales, sin necesidad de ser refrendados sus actos, en:

a) El nombramiento y relevo de los miembros civiles y militares de su Casa.
b) La determinación de la cuantía de la dotación presupuestaria para el mantenimiento de su Casa y Familia.
c) El matrimonio de los sucesores a la Corona, sin necesidad de intervención de las Cortes.
d) Las respuestas a) y b) son ciertas.

11. Las Cámaras podrán delegar, en las Comisiones Legislativas Permanentes, la aprobación de proyectos o proposiciones de ley:

a) En todo caso.
b) Relativas a cuestiones internacionales.
c) Siempre que sean ordinarias.
d) Sobre presupuestos generales del Estado.

12. El Congreso y el Senado y, en su caso, ambas Cámaras conjuntamente, podrán nombrar Comisiones de Investigación sobre cualquier asunto de interés público. Señala la respuesta correcta:

a) Sus conclusiones serán vinculantes para los Tribunales.
b) Afectarán a las resoluciones judiciales.
c) No será obligatorio comparecer a requerimiento de las Cámaras.
d) Su regulación se encuentra en el artículo 76 de la Constitución Española.

13. ¿Pueden los ciudadanos ejercer la acción popular y participar en la Administración de Justicia?

a) No.
b) Sí, mediante la institución del Jurado, en la forma y con respecto a todos los procesos penales.
c) Sí, únicamente en los Tribunales consuetudinarios y tradicionales.
d) Sí, mediante la institución del Jurado, en la forma y con respecto a aquellos procesos penales que la ley determine, así como en los Tribunales consuetudinarios y tradicionales.

14. Habrá uno o más Juzgados de Primera Instancia e Instrucción y jurisdicción en todo su ámbito territorial:

a) En cada partido.
b) En cada municipio.
c) En cada provincia.
d) En cada Comunidad Autónoma.

15. En relación a los Juzgados de Paz es cierto que:

a) Existen en todos los municipios donde haya Juzgado de Primera Instancia e Instrucción.
b) Deberá existir una sola Oficina judicial para varios juzgados.
c) Existen en los municipios donde no exista Juzgado de Primera Instancia e Instrucción.
d) Ninguna es correcta.

16. ¿Cuál de las siguientes funciones no está atribuida al Consejo de Ministros de acuerdo con el artículo 5 de la Ley 50/1997, de 27 de noviembre, del Gobierno?

a) Aprobar los reglamentos para el desarrollo y la ejecución de las leyes, previo dictamen del Consejo de Estado, así como las disposiciones reglamentarias que procedan.
b) Adoptar programas, planes y directrices vinculantes para todos los órganos de la Administración.
c) Proponer al Rey la convocatoria de un referéndum consultivo, previa autorización del Congreso de los Diputados.
d) Declarar los estados de alarma y de excepción, y proponer al Congreso de los Diputados la declaración del estado de sitio.

17. Según el artículo 21 de la Ley 50/1997, señala la respuesta correcta, en relación con el Gobierno en funciones:

a) El Gobierno en funciones podrá presentar proyectos de ley al Congreso de Diputados, o en su caso, al Senado.

b) Las delegaciones legislativas otorgadas por las Cortes Generales quedarán en suspenso durante todo el tiempo que el Gobierno esté en funciones.

c) El Gobierno en funciones podrá aprobar el proyecto de Ley de Presupuestos Generales del Estado.

d) El Presidente del Gobierno en funciones podrá proponer al Rey la disolución de alguna de las Cámaras o de las Cortes Generales.

18. Según la Ley 40/2015, los Secretarios Generales de los Departamentos Ministeriales:

a) Serán nombrados entre funcionarios de carrera del Estado, de las CCAA o EELL, pertenecientes al subgrupo A1.

b) Tendrán a todos los efectos la categoría de Director General.

c) Habrán de ser nombrados entre personas con cualificación y experiencia en el desempeño de puestos de responsabilidad en la gestión pública o privada.

d) Tendrán las competencias sobre servicios comunes que les atribuya el Real Decreto de estructura del Departamento y en todo caso, la relativas a producción normativa, asistencia jurídica y publicaciones.

19. Según el art. 76 de la Ley 40/2015, la estructura de las Delegaciones del Gobierno se fijará por:

a) Real Decreto del Consejo de Ministros.

b) Real Decreto-Ley.

c) Orden del Ministerio de Hacienda.

d) Ley.

20. ¿A quién corresponde distribuir los recursos del Fondo de Compensación entre las Comunidades Autónomas y provincias, en su caso?

a) Al Gobierno.

b) A las Cortes Generales.

c) Federación Española de Municipios y Provincias.

d) Al Ministerio de Política Territorial y Función Pública.

21. ¿Qué artículo de la Constitución Española señala las competencias que podrán asumir las Comunidades Autónomas?

a) El art. 145.

b) El art. 146.

c) El art. 148.
d) El art. 150.

22. Transcurridos cuántos años, y mediante la reforma de sus Estatutos, las Comunidades Autónomas podrán ampliar sus competencias dentro del marco establecido en el art. 149, que se refiere a las competencias exclusivas del Estado:

a) Dos años.
b) Cinco años.
c) Diez años.
d) Quince años.

23. El Estado podrá dictar leyes que establezcan los principios necesarios para armonizar las disposiciones normativas de las Comunidades Autónomas, aun en el caso de materias atribuidas a la competencia de estas, cuando así lo exija el interés general. ¿A quién corresponde la apreciación de esta necesidad?

a) Al Presidente del Gobierno.
b) Al Consejo de Ministros.
c) A las Cortes Generales, por mayoría absoluta de cada Cámara.
d) A las Cortes Generales, por mayoría simple de cada Cámara.

24. Señala cuál de las siguientes es una de las competencias exclusivas del Estado, a raíz del art. 149 de la Constitución Española:

a) La artesanía.
b) Asistencia social.
c) Sanidad e higiene.
d) Legislación sobre productos farmacéuticos.

25. Los Estatutos de Autonomía deberán contener:

a) La denominación, organización y sede de las instituciones autónomas propias.
b) La denominación de la Comunidad que mejor corresponda a su identidad histórica.
c) La delimitación de su territorio.
d) Todas son correctas.

26. Señala la respuesta incorrecta en relación al municipio:

a) Son entidades básicas de la organización territorial del Estado.
b) Son cauces inmediatos de participación ciudadana en los asuntos públicos.
c) Institucionalizan y gestionan con autonomía los intereses propios de las correspondientes colectividades.
d) Las mancomunidades y las comarcas gozan de idéntica autonomía para la gestión de los intereses respectivos.

27. Cuando nos referimos a "las entidades básicas de la organización territorial del Estado y cauces inmediatos de participación ciudadana en los asuntos públicos, que institucionalizan y gestionan con autonomía los intereses propios de las correspondientes colectividades", estamos describiendo características propias del municipio que aparecen reguladas:

a) En la Ley 7/1985.
b) En el artículo 140 de la Constitución Española.
c) En el artículo 141 de la Constitución Española.
d) En el artículo 142 de la Constitución Española y artículo 2 de la Ley 7/1985.

28. Son Entidades Locales territoriales:

a) El municipio, la provincia y la isla además de las Comarcas, las Áreas Metropolitanas y las Mancomunidades de Municipios.
b) El municipio, la provincia y la isla.
c) El municipio, la provincia y las Comunidades Autónomas.
d) Aquellas establecidas en el artículo 2 de la Ley 7/1985.

29. La coordinación de las Entidades Locales tendrá por objeto:

a) Asegurar su autonomía.
b) Asegurar el cumplimiento de la legislación de estabilidad presupuestaria y sostenibilidad financiera.
c) Respetar la plena capacidad jurídica de los entes.
d) Velar por los intereses propios.

30. Establece el artículo 10 de la Ley 7/1985, que las funciones de coordinación:

a) Serán compatibles con la autonomía de las Entidades Locales.
b) Se ajustarán a los derechos de información mutua, colaboración, coordinación y respeto a los ámbitos competenciales respectivos.
c) Procederán cuando las actividades o los servicios locales no trasciendan el interés propio de las correspondientes Entidades.
d) Todas son correctas.

31. Las provincias y las islas podrán realizar la gestión ordinaria de servicios propios de la Administración autonómica, de conformidad:

a) Con la Constitución Española.
b) Con la Ley 7/1985.
c) Con el ordenamiento jurídico.
d) Con los Estatutos de Autonomía y la legislación de las Comunidades Autónomas.

32. Las competencias de las Entidades Locales, según establece el artículo 7 de la Ley 7/1985:

a) Son propias.
b) Son atribuidas por delegación.
c) Se determinarán reglamentariamente.
d) Son correctas a) y b).

33. ¿Puede una Entidad Local ejercer competencias distintas de las propias y de las atribuidas por delegación?

a) No, en ningún caso.
b) Sí, cuando no se ponga en riesgo la sostenibilidad financiera del conjunto de la Hacienda municipal.
c) Sí, incluso en casos de ejecución simultánea del mismo servicio público con otra Administración Pública.
d) Sí, si así se establece reglamentariamente.

34. Las Entidades Locales sirven con objetividad los intereses públicos que les están encomendados y actúan de acuerdo con los principios de:

a) Eficiencia.
b) Igualdad.
c) Confianza legítima.
d) Ninguna es correcta.

35. ¿A quién le corresponde ejercer el control de legalidad de los acuerdos y actos de las Entidades Locales?

a) A las Comunidades Autónomas.
b) Al Gobierno central.
c) A los Tribunales.
d) A la Comisión Especial de Cuentas.

36. En relación a la votación sobre la moción de censura al Presidente y sobre la cuestión de confianza planteada por el mismo, señala la respuesta correcta:

a) Serán públicas salvo decisión del Presidente de hacerlas secretas.
b) Se realizarán mediante llamamiento nominal en todo caso.
c) Se rigen por lo dispuesto en la Ley 7/1985.
d) Todas son correctas.

37. ¿Cuál de las siguientes competencias, no corresponde al Pleno de la Diputación?

a) Asegurar la gestión de los servicios propios de la Comunidad Autónoma cuya gestión ordinaria esté encomendada a la Diputación.
b) La organización de la Diputación.

c) La aprobación de las ordenanzas.

d) La aprobación y modificación de los Presupuestos, la disposición de gastos dentro de los límites de su competencia y la aprobación provisional de las cuentas; todo ello de acuerdo con lo dispuesto en la Ley Reguladora de las Haciendas Locales.

38. El Presidente de la Diputación Provincial, según el artículo 34 de la Ley7/1985, no puede delegar el ejercicio de las siguientes atribuciones:

a) La aprobación de los proyectos de obras y de servicios cuando sea competente para su contratación o concesión y estén previstos en el Presupuesto.

b) Representar a la Diputación.

c) Ordenar la publicación y ejecución y hacer cumplir los acuerdos de la Diputación.

d) La iniciativa para proponer al Pleno la declaración de lesividad en materia de su competencia.

39. Uno de los objetivos de la Ley 39/2015, de 1 de octubre, del Procedimiento Administrativo Común de las Administraciones Públicas, es:

a) Regular las bases del régimen jurídico de las Administraciones Públicas.

b) Establecer los principios del sistema de responsabilidad de las Administraciones Públicas y de la potestad sancionadora.

c) Establecer la organización y funcionamiento de la Administración General del Estado y de su sector público institucional para el desarrollo de sus actividades.

d) Regular los principios a los que se ha de ajustar el ejercicio de la iniciativa legislativa y la potestad reglamentaria.

40. Señala, de las siguientes respuestas, cuál es correcta según el artículo 2 de la LPACAP:

a) Las Universidades Públicas tienen la consideración de Administración Pública.

b) Las Entidades que integran la Administración Local forman parte del sector público institucional.

c) Cualquier organismo público y entidad de derecho público vinculado o dependiente de una Administración Pública tiene la consideración de Administración Pública.

d) Las Administraciones de las Comunidades Autónomas forman parte de la Administración General del Estado.

41. Ateniéndose al artículo 3 de la LPACAP, ¿tienen capacidad de obrar los grupos de afectados?

a) No, la capacidad de obrar es individual.

b) Sí, cuando la ley así lo declare expresamente.

c) Sí, si la ley no lo deniega expresamente.

d) Sí, en cualquier caso.

42. Cuando la notificación se practique en el domicilio del interesado y nadie se hiciera cargo de la misma:

a) Se hará constar esta circunstancia en el expediente, junto con el día y la hora en que se intentó la notificación, intento que se repetirá dos veces máximo y en una hora distinta dentro de los tres días siguientes.

b) Se hará constar esta circunstancia en el expediente, junto con el día y la hora en que se intentó la notificación, intento que se repetirá por una sola vez y en una hora distinta dentro de los tres días siguientes.

c) Se hará constar esta circunstancia en el expediente, junto con el día y la hora en que se intentó la notificación, intento que se repetirá por una sola vez y en una hora distinta dentro de los siete días siguientes.

d) Se hará constar esta circunstancia en el expediente, junto con el día y la hora en que se intentó la notificación, intento que se repetirá por una sola vez y en una hora distinta dentro de los diez días siguientes.

43. Cuando los interesados en un procedimiento sean desconocidos o se ignore el lugar de la notificación, esta se hará por medio de:

a) Un anuncio publicado en el «Boletín Oficial del Estado».
b) Un anuncio en el Ayuntamiento.
c) Las dos son correctas.
d) Ninguna es correcta.

44. ¿En qué casos son nulos de pleno derecho los actos de las Administraciones Públicas?

a) Los dictados por órgano manifiestamente incompetente por razón de la materia o del territorio.
b) Los que tengan un contenido imposible.
c) Los actos expresos o presuntos contrarios al ordenamiento jurídico por los que se adquieren facultades o derechos cuando se carezca de los requisitos esenciales para su adquisición.
d) Todas son correctas.

45. Los actos que sean constitutivos de infracción penal ¿son nulos de pleno derecho?

a) Sí.
b) No.
c) Solo en algunas infracciones.
d) Ninguna es correcta.

46. Los interesados que se dirijan a los órganos de la Administración General del Estado, con sede en el territorio de una Comunidad Autónoma, ¿qué lengua utilizarán?

a) Únicamente podrán utilizar el castellano.
b) Utilizarán el castellano. No obstante, también podrán utilizar la lengua que sea cooficial en ella.

c) Utilizarán la lengua propia de cada Comunidad Autónoma.

d) La ley no dice nada al respecto.

47. El artículo 35 de la Ley 39/2015, de 1 de octubre, establece que serán motivados, con sucinta referencia de hechos y fundamentos de derecho:

a) Los que resuelvan procedimientos de revisión de oficio de disposiciones o actos administrativos.

b) Los que resuelvan recursos administrativos.

c) Los que resuelvan procedimientos de arbitraje.

d) Todas las respuestas anteriores son correctas.

48. El principio de inderogabilidad singular regulado en el artículo 37 de la Ley 39/2015, del Procedimiento Administrativo Común de las Administraciones Públicas, significa que:

a) Las resoluciones administrativas de carácter particular podrán vulnerar los reglamentos cuando procedan de un órgano de igual o superior jerarquía al que dictó la disposición general.

b) Las resoluciones administrativas de carácter particular podrán vulnerar lo establecido en una disposición de carácter general cuando procedan del Consejo de Ministros, previa declaración de extraordinaria y urgente necesidad.

c) Las resoluciones administrativas de carácter particular no podrán vulnerar lo establecido en una disposición de carácter general, aunque aquellas procedan de un órgano de igual o superior jerarquía al que dictó la disposición general.

d) Las disposiciones normativas de carácter general no podrán ser modificadas por disposiciones normativas singulares.

49. De conformidad con el artículo 39, apartado 3, de la Ley 39/2015, de 1 de octubre, podrá otorgarse eficacia retroactiva a los actos, excepcionalmente:

a) Siempre que produzcan efectos desfavorables al interesado.

b) Cuando se dicten en sustitución de actos anulados, siempre que los supuestos de hecho necesarios existieran ya en la fecha a que se retrotraiga la eficacia del acto y esta no lesione derechos o intereses legítimos de otras personas.

c) Cuando así lo exija el contenido del acto o esté supeditado a su notificación, publicación o aprobación superior.

d) Cuando resulte conveniente por motivos de eficacia administrativa, a juicio del órgano competente para resolver.

50. De conformidad con el artículo 53 de la Ley 39/2015, de 1 de octubre, respecto de los datos o documentos que los interesados deben aportar al procedimiento administrativo, dichos interesados tienen derecho:

a) A no presentar en el procedimiento datos y documentos, en el supuesto exclusivo de que ya se encuentren en poder del órgano administrativo competente para resolver el procedimiento de que se trate.

b) A no presentar en el procedimiento datos y documentos que ya se encuentren en poder de las Administraciones Públicas.

c) A no presentar en el procedimiento datos y documentos que ya se encuentran en poder exclusivamente de la Administración Pública bajo cuya responsabilidad se tramite el procedimiento.

d) A que se tengan en cuenta en la resolución de los recursos, hechos, documentos o alegaciones del recurrente, aunque, habiendo podido aportarlos en el trámite de alegaciones, no lo haya hecho.

51. Los informes en el procedimiento serán:

a) Facultativos.
b) Vinculantes.
c) Salvo disposición expresa en contrario, los informes serán facultativos.
d) Salvo disposición expresa en contrario, los informes serán vinculantes.

52. Señala la opción correcta:

a) Se podrán adoptar medidas provisionales que puedan causar perjuicio de difícil o imposible reparación a los interesados o que impliquen violación de derechos amparados por las leyes.

b) Las medidas provisionales podrán ser alzadas o modificadas durante la tramitación del procedimiento, de oficio o a instancia de parte, en virtud de circunstancias sobrevenidas o que no pudieron ser tenidas en cuenta en el momento de su adopción.

c) Ambas son correctas.
d) Ninguna es correcta.

53. Los procedimientos se iniciarán de oficio:

a) Por acuerdo del órgano competente.
b) A petición razonada de otros órganos.
c) Por denuncia.
d) Todas son correctas.

54. En los procedimientos iniciados de oficio, indica el artículo 93 de la Ley 39/2015, que la Administración:

a) Podrá desistir, sin necesidad de motivación.
b) Deberá desistir, motivadamente, en los supuestos y con los requisitos previstos en las Leyes.
c) Podrá desistir, motivadamente.
d) Ninguna es correcta.

55. Indica la opción correcta, según señala el artículo 94 de la Ley 39/2015:

a) Todo interesado podrá desistir de su solicitud o, cuando ello no esté prohibido por el ordenamiento jurídico, renunciar a sus derechos.

b) Si el escrito de iniciación se hubiera formulado por dos o más interesados, el desistimiento o la renuncia afectará a todos ellos.

c) Tanto el desistimiento como la renuncia deberán hacerse por cualquier medio que permita su constancia.

d) Todas son correctas.

56. En los procedimientos iniciados a solicitud del interesado, cuando se produzca su paralización por causa imputable al mismo, según indica el artículo 95 de la Ley 39/2015:

a) La Administración le advertirá que, transcurridos seis meses, se producirá la caducidad del procedimiento.

b) La Administración le advertirá que, transcurridos tres meses, se producirá la ejecución del procedimiento.

c) Conllevará el archivo de todas las actuaciones.

d) Ninguna es correcta.

57. Respecto de la caducidad, establecida en el artículo 95 de la Ley 39/2015:

a) Podrá acordarse la caducidad por la simple inactividad del interesado en la cumplimentación de trámites.

b) La caducidad produce la prescripción de las acciones del particular.

c) No podrá acordarse la caducidad por la simple inactividad del interesado en la cumplimentación de trámites, siempre que no sean indispensables para dictar resolución.

d) Todas son correctas.

58. La caducidad:

a) No producirá por sí sola la prescripción de las acciones del particular o de la Administración.

b) Interrumpe el plazo de prescripción.

c) No admite recurso.

d) Todas son correctas.

59. En un concurso para la provisión de un puesto de trabajo, ¿cuál es el plazo para tomar posesión por el funcionario de carrera al que se le haya adjudicado el puesto de trabajo, en la misma localidad?

a) 20 días hábiles

b) 15 días hábiles.

c) 3 días hábiles.

d) 10 días hábiles.

60. El artículo 60 del Real Decreto Legislativo 5/2015, de 30 de octubre, por el que se aprueba el texto refundido de la Ley del Estatuto Básico del Empleado Público, indica:

a) Para asegurar la objetividad y la racionalidad de los procesos selectivos, las pruebas podrán completarse con la superación de cursos, de periodos de prácticas, con la exposición curricular por los candidatos, con pruebas psicotécnicas o con la realización de entrevistas.

b) Para asegurar la objetividad y la racionalidad de los procesos selectivos, las pruebas podrán completarse con la superación de cursos, de periodos de prácticas, con pruebas psicotécnicas o con la realización de entrevistas.

c) Para asegurar la objetividad y la racionalidad de los procesos selectivos, las pruebas podrán completarse con la superación de cursos, con la exposición curricular por los candidatos, con pruebas psicotécnicas o con la realización de entrevistas.

d) Para asegurar la objetividad y la racionalidad de los procesos selectivos, las pruebas podrán completarse con la superación de cursos, de periodos de prácticas, con la exposición curricular por los candidatos o con pruebas psicotécnicas.

61. Según el artículo 78 del Real Decreto Legislativo 5/2015, de 30 de octubre, por el que se aprueba el texto refundido de la Ley del Estatuto Básico del Empleado Público, "La provisión de puestos de trabajo de funcionarios en cada Administración Pública se llevará a cabo por los procedimientos de:

a) Concurso y de libre designación con convocatoria pública.
b) Oposición, concurso y de libre designación con convocatoria pública.
c) Oposición y concurso con convocatoria pública.
d) Todas son correctas.

62. En virtud del artículo 81.2 del EBEP, la Administración General del Estado podrá trasladar a sus funcionarios, por necesidades de servicio o funcionales, a unidades, departamentos u organismos públicos o entidades distintos a los de su destino, respetando sus retribuciones, condiciones esenciales de trabajo, modificando, en su caso, la adscripción de los puestos de trabajo de los que sean titulares:

a) Por ley.
b) Por Real Decreto.
c) Por Orden ministerial.
d) Motivadamente.

63. Las mujeres víctimas de violencia de género que se vean obligadas a abandonar el puesto de trabajo en la localidad donde venían prestando sus servicios, para hacer efectiva su protección o el derecho a la asistencia social integral, tendrán derecho al traslado a otro puesto de trabajo propio de su cuerpo, escala o categoría profesional, de análogas características, sin necesidad de que sea vacante de necesaria cobertura. Este traslado tendrá la consideración de:

a) Traslado voluntario.
b) Traslado temporal.
c) Traslado forzoso.
d) Traslado protegido.

64. Los funcionarios de carrera que obtengan destino en otra Administración Pública a través de los procedimientos de movilidad quedarán respecto de su Administración de origen en la situación administrativa de:

a) Servicios especiales.
b) Servicio en otras Administraciones Públicas.
c) Excedencia voluntaria.
d) Excedencia forzosa.

65. En el supuesto de cese del puesto obtenido por libre designación, la Administración de destino, en el plazo máximo de un mes a contar desde el día siguiente al del cese, podrá acordar la adscripción del funcionario a otro puesto de la misma o le comunicará que no va a hacer efectiva dicha adscripción. En todo caso, durante este periodo se entenderá que continúa a todos los efectos en dicha Administración en situación de:

a) Servicio activo.
b) Servicios especiales.
c) Excedencia forzosa.
d) Excedencia voluntaria por interés particular.

66. La adscripción al puesto adjudicado por reasignación de efectivos tendrá carácter:

a) Temporal.
b) Voluntario.
c) Definitivo.
d) Parcial.

67. El puesto asignado con carácter provisional por reingreso al servicio activo deberá convocarse para su provisión definitiva en el plazo máximo de:

a) 6 meses.
b) 1 año.
c) 2 años.
d) 3 años.

68. No es un supuesto que derive en la provisión de puestos por medio de adscripción provisional:

a) Remoción o cese en un puesto de trabajo obtenido por concurso o libre designación.
b) Supresión del puesto de trabajo.
c) Reingreso al servicio activo de los funcionarios sin reserva de puesto de trabajo.
d) Reasignación de efectivos como consecuencia de un Plan de Empleo.

69. Cuando por causas no imputables al sujeto pasivo de la tasa, no se realice la actividad en que consiste su hecho imponible:

a) Podrá presentar recurso contencioso-administrativo.
b) Podrá instar la realización forzosa mediante un procedimiento especial y sumario en la propia Administración.
c) Podrá obtener la devolución de la tasa.
d) Todas son correctas.

70. El aprovechamiento especial del dominio público local por un particular generará, al Ayuntamiento, un ingreso procedente de:

a) Una contribución especial.
b) Un precio público.
c) Una tasa.
d) Un impuesto.

71. Señala cuál de los siguientes no constituye un recurso de las haciendas locales:

a) El producto de las operaciones de crédito.
b) Los recargos exigibles sobre las tasas de las comunidades autónomas o de otras entidades locales.
c) Ingresos procedentes de su patrimonio y demás de derecho privado.
d) Todos los anteriores constituyen recursos de las haciendas locales.

72. Las entidades locales no podrán exigir tasas por los siguientes servicios:

a) Enseñanzas especiales en establecimientos docentes de las entidades locales.
b) Instalaciones deportivas.
c) Ocupación de terrenos de uso público local.
d) Enseñanza en los niveles de educación obligatoria.

73. Las entidades locales deberán acordar la imposición y supresión de sus tributos propios:

a) En todo caso, mediante la aprobación de ordenanzas fiscales generales reguladoras de la gestión, liquidación, inspección y recaudación de los tributos locales.
b) En todo caso, mediante la aprobación de las correspondientes ordenanzas fiscales reguladoras de estos, salvo en los supuestos previstos en el artículo 59.1 del Real Decreto Legislativo 2/2004, de 5 de marzo, por el que se aprueba el Texto Refundido de la Ley Reguladora de las Haciendas Locales, respecto de los cuales no es necesario.
c) En todo caso, mediante la aprobación de las correspondientes ordenanzas fiscales respecto de los impuestos locales, pero no respecto de las tasas y contribuciones especiales.
d) Ninguna es correcta.

74. Señala cuál de los siguientes no constituye un recurso de las haciendas locales:

a) El producto de las operaciones de crédito.
b) Los recargos exigibles sobre las tasas de las comunidades autónomas o de otras entidades locales.
c) Ingresos procedentes de su patrimonio y demás de derecho privado.
d) Todos los anteriores constituyen recursos de las haciendas locales.

75. Indica por cuál de las siguientes actividades puede el Ayuntamiento cobrar tasas:

a) Por limpieza viaria.
b) Por la seguridad ciudadana.
c) Por el alumbrado público.
d) Por prestación del servicio de alcantarillado.

76. Según el artículo 110 del Real Decreto Legislativo 2/2004, de 5 de marzo, con relación a la gestión tributaria del Impuesto sobre el Incremento del Valor de los Terrenos de Naturaleza Urbana, los sujetos pasivos vendrán obligados a presentar ante el Ayuntamiento correspondiente la declaración que contenga los elementos de la relación tributaria imprescindibles para practicar la liquidación procedente. Dicha declaración deberá ser presentada, cuando se trate de actos por causa de muerte:

a) El plazo será de seis meses prorrogables hasta dos años a solicitud del sujeto pasivo.
b) El plazo será de nueve meses prorrogables hasta dieciocho a solicitud del sujeto pasivo.
c) El plazo será de seis meses prorrogables hasta un año a solicitud del sujeto pasivo.
d) El plazo será de doce meses prorrogables hasta dos años a solicitud del sujeto pasivo.

77. Según el artículo 24 del Real Decreto Legislativo 2/2004, de 5 de marzo, cuando se trate de tasas por utilización privativa o aprovechamientos especiales del suelo, subsuelo o vuelo de las vías públicas municipales, a favor de empresas explotadoras de servicios de suministros que resulten de interés general o afecten a la generalidad o a una parte importante del vecindario:

a) El importe de aquellas consistirá en el 2,5 por ciento de los ingresos brutos procedentes de la facturación que obtengan anualmente en cada término municipal las referidas empresas.
b) El importe de aquellas consistirá, en todo caso y sin excepción alguna, en el 1 por ciento de los ingresos brutos procedentes de la facturación que obtengan anualmente en cada término municipal las referidas empresas.
c) El importe de aquellas consistirá, en todo caso y sin excepción alguna, en el 1,5 por ciento de los ingresos brutos procedentes de la facturación que obtengan anualmente en cada término municipal las referidas empresas.
d) El importe de aquellas consistirá, en todo caso y sin excepción alguna, en el 0'75 por ciento de los ingresos brutos procedentes de la facturación que obtengan anualmente en cada término municipal las referidas empresas.

78. Según el artículo 20 del Real Decreto Legislativo 2/2004, de 5 de marzo, las Entidades Locales desarrollarán la actividad o prestarán el servicio pertinente por:

a) Por razones de seguridad, salubridad, de abastecimiento de la población o de orden urbanístico, o cualesquiera otras.

b) Por exigencias derivadas de disposiciones legales o reglamentarias.

c) Por exigencias derivadas de compromisos válidamente adquiridos.

d) Todas las opciones son correctas.

79. El Gobierno, a través de las correspondientes normas reglamentarias y previa consulta a las organizaciones sindicales y empresariales más representativas, regulará las materias que a continuación se relacionan:

a) Requisitos mínimos que deben reunir las condiciones de trabajo para la protección de la seguridad y la salud de los trabajadores.

b) Procedimientos de evaluación de los riesgos para la salud de los trabajadores, normalización de metodologías y guías de actuación preventiva.

c) Ambas son correctas.

d) Ninguna es correcta.

80. El órgano científico técnico especializado de la AGE cuya misión es el análisis y estudio de las condiciones de seguridad y salud en el trabajo, se denomina:

a) Inspección de Trabajo y Seguridad Social.

b) Comisión Nacional de Seguridad y salud en el trabajo.

c) Instituto Nacional de Seguridad e Higiene en el trabajo.

d) Ninguna es correcta.

81. En relación a la Comisión Nacional de Seguridad y Salud en el trabajo, indica la opción incorrecta:

a) Se crea la Comisión Nacional de Seguridad y Salud en el Trabajo como órgano colegiado asesor de las Administraciones públicas en la formulación de las políticas de prevención y órgano de participación institucional en materia de seguridad y salud en el trabajo.

b) La Comisión estará integrada por un representante de cada una de las Comunidades Autónomas y por igual número de miembros de la Administración General del Estado y, paritariamente con todos los anteriores, por representantes de las organizaciones empresariales y sindicales más representativas.

c) Elabora los informes solicitados por los Juzgados de lo Social en las demandas deducidas ante los mismos en los procedimientos de accidentes de trabajo y enfermedades profesionales.

d) Todas son correctas.

82. ¿A qué órgano le corresponde comprobar y favorecer el cumplimiento de las obligaciones asumidas por los servicios de prevención establecidos en la LPRL?

a) Inspección de Trabajo y Seguridad Social.
b) Comisión Nacional de Seguridad y salud en el trabajo.
c) Instituto Nacional de Seguridad e Higiene en el trabajo.
d) Ninguna es correcta.

83. El Instituto Nacional de Seguridad e Higiene en el trabajo, en cumplimiento de esta misión, tendrá las siguientes funciones:

a) Asesoramiento técnico en la elaboración de la normativa legal y en el desarrollo de la normalización, tanto a nivel nacional como internacional.
b) Promoción y, en su caso, realización de actividades de formación, información, investigación, estudio y divulgación en materia de prevención de riesgos laborales, con la adecuada coordinación y colaboración, en su caso, con los órganos técnicos en materia preventiva de las Comunidades Autónomas en el ejercicio de sus funciones en esta materia.
c) Ambas son correctas.
d) Ninguna es correcta.

84. En el ámbito de la Administración General del Estado ¿a qué sujetos de los enumerados a continuación no se aplican las disposiciones del "Título II. Buen Gobierno" de la Ley 19/2013?

a) Al resto de los altos cargos de la Administración General del Estado y de las entidades del sector público estatal, de Derecho público o privado, vinculadas o dependientes de aquella.
b) A los que tengan tal consideración en aplicación de la normativa en materia de conflictos de intereses.
c) A los Jefes de Servicio.
d) A los Secretarios de Estado.

85. En el Capítulo I del Título I: "Transparencia de la actividad pública" de la Ley 19/2013, concretamente en el art. 3, se señala que serán objeto de aplicación de las disposiciones las entidades privadas:

a) En cuyo capital social la participación, directa o indirecta, sea superior al 50 %
b) Que perciban durante el período de un año ayudas o subvenciones públicas en una cuantía superior a 100.000 euros o cuando al menos el 40 % del total de sus ingresos anuales tengan carácter de ayuda o subvención pública, siempre que alcancen como mínimo la cantidad de 5.000 euros.
c) Con personalidad jurídica propia, vinculadas a cualquiera de las Administraciones Públicas o dependientes de ellas.
d) Que tengan atribuidas funciones de regulación o supervisión de carácter externo sobre un determinado sector o actividad.

86. El derecho de acceso a la información pública, regulado en la Ley 19/2013 de transparencia, acceso a la información pública y buen gobierno:

a) Requiere pago de tasa pública, y el plazo máximo de resolución en el que se conceda o deniegue el acceso es de 30 días

b) Será gratuito, y el plazo máximo de resolución en el que se conceda o deniegue el acceso es de 1 mes.

c) Será gratuito, y el plazo máximo de resolución en el que se conceda o deniegue el acceso es de 15 días

d) Será gratuito, y el plazo máximo de resolución en el que se conceda o deniegue el acceso es de 30 días.

87. Según el artículo 7 de la Ley 19/2013, de 9 de diciembre, de transparencia, acceso a la información pública y buen gobierno, relativo a la información de relevancia jurídica:

a) Las Administraciones Públicas, en el ámbito de sus competencias, publicarán los proyectos de Reglamento cuya iniciativa les corresponda.

b) Las Administraciones Públicas, en el ámbito de sus competencias, no publicarán los proyectos de Reglamento cuya iniciativa les corresponda.

c) Las Administraciones Públicas, en el ámbito de sus competencias, no podrán publicar los Anteproyectos de Ley hasta su aprobación.

d) Las Administraciones Públicas no podrán publicar los proyectos de Decretos Legislativos cuando se soliciten los dictámenes a los órganos consultivos.

88. La Ley 19/2013 destaca tres ejes fundamentales de toda acción política. Señala cuál de los siguientes no es correcto:

a) La transparencia.

b) El acceso a la información pública.

c) Las normas de buen gobierno.

d) Las incompatibilidades.

89. El título I de la Ley 19/2013 regula e incrementa la transparencia de la actividad de todos los sujetos que prestan servicios públicos o ejercen potestades administrativas mediante un conjunto de previsiones que se recogen en dos capítulos diferenciados y desde una doble perspectiva: el derecho de acceso a la información pública y:

a) Los conflictos de intereses.

b) La publicidad activa.

c) La austeridad.

d) Los principios de actuación.

90. De acuerdo con el artículo 2 de la Ley 19/2013, de 9 de diciembre, de transparencia, acceso a la información pública y buen gobierno, las Disposiciones de la Transparencia de la actividad pública, se aplicarán a:

a) La Administración General del Estado, las Administraciones de las Comunidades Autónomas y de las Ciudades de Ceuta y Melilla y las entidades que integran la Administración Local.

b) La Administración General del Estado, las Administraciones de las Comunidades Autónomas y de las Ciudades de Ceuta y Melilla de acuerdo con su normativa específica, siendo esta Ley de aplicación supletoria.

c) La Administración General del Estado solo y exclusivamente.

91. ¿A quién tiene que comunicar, el Presidente del Consejo de Transparencia y Buen Gobierno, las resoluciones que dicte en aplicación del artículo 24 de la Ley 19/2013?

a) A las Cortes.
b) Al Tribunal de Cuentas.
c) Al Congreso de los Diputados.
d) Al Defensor del Pueblo.

92. ¿Con qué periodicidad debe remitir el Observatorio Estatal de Violencia sobre la Mujer, al Gobierno y a las Comunidades Autónomas, un informe sobre la evolución de la violencia ejercida sobre la mujer?

a) Mensualmente.
b) Periódicamente.
c) Semestralmente.
d) Con periodicidad anual.

93. ¿Qué regula la Ley Orgánica 10/2022, de 6 de septiembre?

a) Los presupuestos generales del Estado.
b) La garantía integral de la libertad sexual.
c) El bienestar animal.
d) La violencia de género.

94. Las Administraciones públicas, a través de sus Servicios de Salud y de los órganos competentes en cada caso, desarrollarán, de acuerdo con el principio de igualdad de oportunidades, las siguientes actuaciones:

a) La adopción sistemática, dentro de las acciones de educación sanitaria, de iniciativas destinadas a favorecer la promoción específica de la salud de las mujeres, así como a prevenir su discriminación.

b) El fomento de la investigación científica que atienda las diferencias entre mujeres y hombres en relación con la protección de su salud, especialmente en lo referido a la accesibilidad y el esfuerzo diagnóstico y terapéutico, tanto en sus aspectos de ensayos clínicos como asistenciales.

c) La consideración, dentro de la protección, promoción y mejora de la salud laboral, del acoso sexual y el acoso por razón de sexo.

d) Todas son correctas.

95. La implantación de un lenguaje no sexista en el ámbito administrativo y su fomento en la totalidad de las relaciones sociales, culturales y artísticas:

a) Es un principio informador.

b) Es un valor superior.

c) Es un criterio general de actuación.

d) Se establece en la Ley Orgánica 1/2004.

96. El órgano colegiado al que corresponderá el asesoramiento, evaluación, colaboración institucional, elaboración de informes y estudios, y propuestas de actuación en materia de violencia de género es:

a) Ministerio de Igualdad.

b) Observatorio Estatal de Violencia sobre la Mujer.

c) Instituto de la Mujer.

d) Comisión Interministerial de Igualdad entre mujeres y hombres.

97. En relación a la Delegación Especial del Gobierno contra la Violencia sobre la Mujer, indica la opción correcta:

a) La Delegación Especial del Gobierno contra la Violencia sobre la Mujer, adscrito al Ministerio de Trabajo y Asuntos Sociales, formulará las políticas públicas en relación con la violencia de género a desarrollar por el Gobierno, y coordinará e impulsará cuantas acciones se realicen en dicha materia, trabajando en colaboración y coordinación con las Administraciones con competencia en la materia.

b) El titular de la Delegación Especial del Gobierno contra la Violencia sobre la Mujer estará legitimado ante los órganos jurisdiccionales para intervenir en defensa de los derechos y de los intereses tutelados en esta Ley en colaboración y coordinación con las Administraciones con competencias en la materia.

c) Reglamentariamente se determinará el rango y las funciones concretas del titular de la Delegación Especial del Gobierno contra la Violencia sobre la Mujer.

d) Todas son correctas.

98. La Ley Orgánica 3/2007, de 22 de marzo, para la igualdad efectiva de mujeres y hombres, establece en el artículo 44 un nuevo derecho de conciliación de la vida personal, familiar y laboral para contribuir a un reparto más equilibrado de las responsabilidades familiares, indica cuál es:

a) La prestación por maternidad.

b) El permiso por maternidad.

c) El permiso por paternidad.
d) La licencia durante el periodo de lactancia natural.

99. Según la Ley Orgánica 3/2007, de 22 de marzo, para la igualdad efectiva de mujeres y hombres, el trato desfavorable a las mujeres relacionado con el embarazo o la maternidad:

a) Constituye discriminación directa por razón de sexo.
b) Se considerará discriminación directa si tiene el propósito de atentar contra la dignidad de la persona.
c) Se considera discriminación indirecta.
d) Todas son correctas.

100. En la Ley Orgánica 3/2007 de 22 de marzo, para la igualdad efectiva de mujeres y hombres, se regula el principio de igualdad en el empleo público en el:

a) Título III
b) Título IV.
c) Título V.
d) No viene regulado.

Solución simulacro n.º 3

1. d) El derecho a la propiedad privada.

2. b) Democrática avanzada.

3. b) Los partidos políticos contribuyen a la defensa y promoción de los intereses económicos y sociales que le son propios.

4. c) Armada, Ejército del Aire y Ejército de Tierra.

5. d) La retroactividad de las disposiciones sancionadoras no favorables.

6. b) Protección de la salud.

7. a) Las reuniones en lugares de tránsito público no necesitarán comunicación previa.

8. d) Todas son correctas.

9. c) El Alto Patronazgo de las Reales Academias.

10. a) El nombramiento y relevo de los miembros civiles y militares de su Casa.

11. c) Siempre que sean ordinarias.

12. d) Su regulación se encuentra en el artículo 76 de la Constitución Española.

13. d) Sí, mediante la institución del Jurado, en la forma y con respecto a aquellos procesos penales que la ley determine, así como en los Tribunales consuetudinarios y tradicionales.

14. a) En cada partido.

15. c) Existen en los municipios donde no exista Juzgado de Primera Instancia e Instrucción.

16. Proponer al Rey la convocatoria de un referéndum consultivo, previa autorización del Congreso de los Diputados.

17. b) Las delegaciones legislativas otorgadas por las Cortes Generales quedarán en suspenso durante todo el tiempo que el Gobierno esté en funciones.

18. c) Habrán de ser nombrados entre personas con cualificación y experiencia en el desempeño de puestos de responsabilidad en la gestión pública o privada.

19. a) Real Decreto del Consejo de Ministros.

20. b) A las Cortes Generales.

21. c) El art. 148.

22. b) Cinco años.

23. c) A las Cortes Generales, por mayoría absoluta de cada Cámara.

24. d) Legislación sobre productos farmacéuticos.

25. d) Todas son correctas.

26. d) Las mancomunidades y las comarcas gozan de idéntica autonomía para la gestión de los intereses respectivos.

27. a) En la Ley 7/1985.

28. b) El municipio, la provincia y la isla.

29. b) Asegurar el cumplimiento de la legislación de estabilidad presupuestaria y sostenibilidad financiera.

30. a) Serán compatibles con la autonomía de las Entidades Locales.

31. d) Con los Estatutos de Autonomía y la legislación de las Comunidades Autónomas.

32. d) Son correctas a) y b).

33. b) Sí, cuando no se ponga en riesgo la sostenibilidad financiera del conjunto de la Hacienda municipal.

34. d) Ninguna es correcta.

35. c) A los Tribunales.

36. b) Se realizarán mediante llamamiento nominal en todo caso.

37. a) Asegurar la gestión de los servicios propios de la Comunidad Autónoma cuya gestión ordinaria esté encomendada a la Diputación.

38. d) La iniciativa para proponer al Pleno la declaración de lesividad en materia de su competencia.

39. d) Regular los principios a los que se ha de ajustar el ejercicio de la iniciativa legislativa y la potestad reglamentaria.

40. c) Cualquier organismo público y entidad de derecho público vinculado o dependiente de una Administración Pública tiene la consideración de Administración Pública.

41. b) Sí, cuando la ley así lo declare expresamente.

42. b) Se hará constar esta circunstancia en el expediente, junto con el día y la hora en que se intentó la notificación, intento que se repetirá por una sola vez y en una hora distinta dentro de los tres días siguientes.

43. a) Un anuncio publicado en el «Boletín Oficial del Estado».

44. d) Todas son correctas.

45. a) Sí.

46. b) Utilizarán el castellano. No obstante, también podrán utilizar la lengua que sea cooficial en ella.

47. d) Todas las respuestas anteriores son correctas.

48. c) Las resoluciones administrativas de carácter particular no podrán vulnerar lo establecido en una disposición de carácter general, aunque aquellas procedan de un órgano de igual o superior jerarquía al que dictó la disposición general.

49. b) Cuando se dicten en sustitución de actos anulados, siempre que los supuestos de hecho necesarios existieran ya en la fecha a que se retrotraiga la eficacia del acto y esta no lesione derechos o intereses legítimos de otras personas.

50. b) A no presentar en el procedimiento datos y documentos que ya se encuentren en poder de las Administraciones Públicas.

51. c) Salvo disposición expresa en contrario, los informes serán facultativos.

52. b) Las medidas provisionales podrán ser alzadas o modificadas durante la tramitación del procedimiento, de oficio o a instancia de parte, en virtud de circunstancias sobrevenidas o que no pudieron ser tenidas en cuenta en el momento de su adopción.

53. d) Todas son correctas.

54. c) Podrá desistir, motivadamente.

55. a) Todo interesado podrá desistir de su solicitud o, cuando ello no esté prohibido por el ordenamiento jurídico, renunciar a sus derechos.

56. d) Ninguna es correcta.

57. c) No podrá acordarse la caducidad por la simple inactividad del interesado en la cumplimentación de trámites, siempre que no sean indispensables para dictar resolución.

58. a) No producirá por sí sola la prescripción de las acciones del particular o de la Administración.

59. c) 3 días hábiles.

60. a) Para asegurar la objetividad y la racionalidad de los procesos selectivos, las pruebas podrán completarse con la superación de cursos, de periodos de prácticas, con la exposición curricular por los candidatos, con pruebas psicotécnicas o con la realización de entrevistas.

61. a) Concurso y de libre designación con convocatoria pública.

62. d) Motivadamente.

63. c) Traslado forzoso.

64. b) Servicio en otras Administraciones Públicas.

65. a) Servicio activo.

66. c) Definitivo.

67. b) 1 año.

68. d) Reasignación de efectivos como consecuencia de un Plan de Empleo.

69. c) Podrá obtener la devolución de la tasa.

70. c) Una tasa.

71. b) Los recargos exigibles sobre las tasas de las comunidades autónomas o de otras entidades locales.

72. d) Enseñanza en los niveles de educación obligatoria.

73. b) En todo caso, mediante la aprobación de las correspondientes ordenanzas fiscales reguladoras de estos, salvo en los supuestos previstos en el artículo 59.1 del Real Decreto Legislativo 2/2004, de 5 de marzo, por el que se aprueba el Texto Refundido de la Ley Reguladora de las Haciendas Locales, respecto de los cuales no es necesario.

74. b) Los recargos exigibles sobre las tasas de las comunidades autónomas o de otras entidades locales.

75. d) Por prestación del servicio de alcantarillado.

76. c) El plazo será de seis meses prorrogables hasta un año a solicitud del sujeto pasivo.

77. c) El importe de aquellas consistirá, en todo caso y sin excepción alguna, en el 1,5 por ciento de los ingresos brutos procedentes de la facturación que obtengan anualmente en cada término municipal las referidas empresas.

78. a) Por razones de seguridad, salubridad, de abastecimiento de la población o de orden urbanístico, o cualesquiera otras.

79. c) Ambas son correctas.

80. d) Ninguna es correcta.

81. c) Elabora los informes solicitados por los Juzgados de lo Social en las demandas deducidas ante los mismos en los procedimientos de accidentes de trabajo y enfermedades profesionales.

82. a) Inspección de Trabajo y Seguridad Social.

83. c) Ambas son correctas.

84. c) A los Jefes de Servicio.

85. b) Que perciban durante el período de un año ayudas o subvenciones públicas en una cuantía superior a 100.000 euros o cuando al menos el 40 % del total de sus ingresos anuales tengan carácter de ayuda o subvención pública, siempre que alcancen como mínimo la cantidad de 5.000 euros.

86. b) Será gratuito, y el plazo máximo de resolución en el que se conceda o deniegue el acceso es de 1 mes.

87. a) Las Administraciones Públicas, en el ámbito de sus competencias, publicarán los proyectos de Reglamento cuya iniciativa les corresponda.

88. d) Las incompatibilidades.

89. b) La publicidad activa.

90. a) La Administración General del Estado, las Administraciones de las Comunidades Autónomas y de las Ciudades de Ceuta y Melilla y las entidades que integran la Administración Local.

91. d) Al Defensor del Pueblo.

92. d) Periodicidad anual.

93. b) La garantía integral de la libertad sexual.

94. d) Todas son correctas.

95. c) Es un criterio general de actuación.

96. b) Observatorio Estatal de Violencia sobre la Mujer.

97. d) Todas son correctas.

98. c) El permiso por paternidad.

99. a) Constituye discriminación directa por razón de sexo.

100. c) Título V.

SIMULACRO N.º 4

1. En relación a la figura del Defensor del Pueblo:

a) Está regulado por Ley Ordinaria.
b) Supervisa la actividad de la Administración.
c) Es un Alto Comisionado de las Cortes Generales.
d) Son correctas a) y b).

2. Señala la opción correcta, según indica la Constitución Española de 1978:

a) La detención preventiva podrá durar el tiempo necesario para la realización de las averiguaciones tendentes al esclarecimiento de los hechos, siendo el tiempo máximo establecido para dicha detención de cinco días.
b) Toda persona detenida debe ser informada de forma inmediata, y de modo que le sea comprensible, de sus derechos y de las razones de su detención, no pudiendo ser obligada a declarar.
c) En el plazo máximo de 48h, el detenido deberá ser puesto en libertad o a disposición de la autoridad judicial.
d) En caso de incomunicación, la asistencia de abogado al detenido en las diligencias policiales y judiciales, no es necesaria en los términos que la ley establece.

3. Se garantiza la asistencia de abogado al detenido:

a) A instancia del propio detenido.
b) En las diligencias policiales y judiciales.
c) Solo en las diligencias policiales.
d) Ninguna es correcta.

4. Las penas privativas de libertad, ¿hacia qué estarán orientadas?

a) A la obtención de justicia.
b) A la reinserción social.
c) A la ejemplaridad.
d) Al resarcimiento de la víctima.

5. La duración del estado de alarma tendrá un plazo máximo de:

a) 15 días, pudiendo ser prorrogado.
b) 20 días, prorrogables por idéntico plazo.
c) 30 días, prorrogables por otro plazo igual.
d) Un mes y un día.

6. La Constitución Española de 1978 se fundamenta en la indisoluble unidad de la Nación española y reconoce y garantiza:

a) El derecho a la autonomía de las CCAA y regiones que la integran y la solidaridad entre todas ellas.
b) El derecho a la autonomía de las Comunidades que la integran así como la solidaridad entre todas ellas.
c) El derecho a la autonomía de las Comunidades que la integran así como la solidaridad entre todas ellas y en especial las CCAA.
d) El derecho a la autonomía de las nacionalidades y regiones que la integran y la solidaridad entre todas ellas.

7. ¿Quién deberá garantizar, mediante pensiones adecuadas y periódicamente actualizadas, la suficiencia económica a los ciudadanos durante la tercera edad?

a) El Poder Legislativo.
b) El Poder Judicial.
c) Los poderes públicos.
d) Ninguna es correcta.

8. Facilitar la participación de todos los ciudadanos en la vida política, económica, cultural y social es una tarea que corresponde:

a) A los sindicatos.
b) A los partidos políticos.
c) A las Cortes Generales.
d) A los poderes públicos.

9. El Rey, según establece la Constitución Española:

a) Es el símbolo del funcionamiento regular de las instituciones.
b) Ejerce las funciones que le atribuye la Constitución, en todo caso.
c) Asume la más alta representación del Gobierno Español en las relaciones internacionales.
d) Su título es el de Rey de España y podrá utilizar los demás que correspondan a la Corona.

10. Extinguidas todas las líneas llamadas en Derecho, las Cortes Generales proveerán a la sucesión en la Corona:

a) Según lo establecido en la Constitución Española.
b) En la forma establecida reglamentariamente.
c) En la forma que más convenga a la Jefatura del Estado.
d) En la forma que más convenga a los intereses de España.

11. ¿En cuál de los siguientes casos las Cortes Generales no actúan conjuntamente?

a) Para proceder a la reforma constitucional.
b) Para autorizar al Rey a declarar la guerra y hacer la paz.
c) Para reconocer la incapacidad del Rey.
d) En ninguno de ellos.

12. El Congreso de los Diputados podrá delegar en Comisiones Legislativas Permanentes, la aprobación de leyes:

a) De base.
b) Sobre cuestiones internacionales.
c) Ordinarias en materia tributaria.
d) Todas son correctas.

13. De los delitos contra el titular de la Corona, su Consorte, su Sucesor, altos organismos de la Nación y forma de Gobierno, es competente:

a) El Tribunal Constitucional.
b) El Tribunal Supremo.
c) La Audiencia Nacional.
d) El Ministerio Fiscal.

14. De la instrucción y enjuiciamiento de las causas contra Magistrados de la Audiencia Nacional o de un Tribunal Superior de Justicia, es competente:

a) La Audiencia Nacional.
b) El Tribunal Supremo.
c) La Audiencia Provincial.
d) Los Tribunales Superiores de Justicia.

15. Según la Constitución Española, señala la respuesta correcta:

a) El Consejo General del Poder Judicial estará integrado por el Presidente del Tribunal Supremo, que lo presidirá, y por veinte miembros nombrados por el Rey por un periodo de cuatro años. De estos, doce entre jueces y fiscales de todas las categorías judiciales, en los términos que establezca la ley orgánica.

b) Las sentencias serán siempre motivadas y se pronunciarán en audiencia pública, con las excepciones que prevean las leyes del procedimiento.

c) El Tribunal Supremo, con jurisdicción en toda España, es el órgano jurisdiccional superior en todos los órdenes, salvo lo dispuesto en materia de garantías constitucionales.

d) Ninguna es correcta.

16. Según el artículo 108 de la Constitución Española:

a) El Gobierno responde de su gestión política ante el Congreso de los Diputados.

b) El Gobierno responde de su gestión política y económica ante el Congreso de los Diputados.

c) El Gobierno responde de su gestión política y económica ante las Cortes Generales.

d) El Gobierno responde de su gestión política ante el Congreso de los Diputados y el Senado.

17. En la primera votación, para ser nombrado Presidente del Gobierno, el candidato deberá contar con el voto favorable del Congreso de los Diputados:

a) Por mayoría de tres quintos.

b) Por mayoría simple.

c) Por mayoría de dos tercios.

d) Por mayoría absoluta.

18. De acuerdo con el artículo 23 de la Ley 40/2015, son motivos de abstención:

a) Tener relación de servicio con persona natural o jurídica interesada directamente en el asunto.

b) Tener cuestión litigiosa pendiente con algún interesado.

c) Tener un vínculo matrimonial o situación de hecho asimilable y el parentesco de consanguinidad dentro del cuarto grado o de afinidad dentro del segundo, con los administradores de entidades o sociedades interesadas.

d) Todas son correctas.

19. De acuerdo con la Ley 40/2015, de 1 de octubre, de Régimen Jurídico del Sector Público, los Delegados del Gobierno en las Comunidades Autónomas:

a) Son órganos directivos con rango de Subsecretario que dependen orgánicamente del Presidente del Gobierno y funcionalmente del Ministerio competente por razón de la materia.

b) Son órganos directivos con rango de Secretario de Estado que dependen orgánicamente del Presidente del Gobierno y funcionalmente del Ministerio competente por razón de la materia.

c) Son órganos directivos con rango de Ministro que dependen orgánicamente del Presidente del Gobierno y funcionalmente del Ministerio competente por razón de la materia.

d) Son órganos directivos con rango de Secretario General que dependen orgánicamente del Presidente del Gobierno y funcionalmente del Ministerio competente por razón de la materia.

20. ¿Quién controla lo relativo a la constitucionalidad de las disposiciones normativas con fuerza de Ley de las Comunidades Autónomas?

a) El Gobierno.
b) Las Cortes Generales.
c) El Tribunal Constitucional.
d) El Tribunal Superior de Justicia de la Comunidad Autónoma.

21. ¿Quién controla lo relativo a la actividad económica y presupuestaria de las Comunidades Autónomas?

a) El Tribunal Constitucional.
b) El Tribunal Supremo.
c) El Tribunal Superior de Justicia de la Comunidad Autónoma.
d) El Tribunal de Cuentas.

22. ¿Cuáles son las Entidades Locales integradas por los Municipios de grandes aglomeraciones urbanas entre cuyos núcleos de población existen vinculaciones económicas y sociales que hacen necesaria la planificación conjunta y la coordinación de determinados servicios y obras?

a) Las Áreas Metropolitanas.
b) Las Comarcas.
c) Las Mancomunidades de Municipios.
d) Las Provincias.

23. ¿Cuántas Comunidades Autónomas uniprovinciales hay en España?

a) 5.
b) 6.
c) 8.
d) 7.

24. ¿Qué artículo de la Carta Magna proclama que la Constitución se fundamenta en la indisoluble unidad de la Nación española, patria común e indivisible de todos los españoles, y reconoce y garantiza el derecho a la autonomía de las nacionalidades y regiones que la integran y la solidaridad de todas ellas?

a) El artículo 1.
b) El artículo 2.
c) El artículo 9.2.
d) El artículo 11.1.

25. Las Comunidades Autónomas se encuentran sometidas al control de:

a) Los Tribunales de Justicia.
b) El Tribunal Constitucional.

c) El Tribunal de Cuentas.
d) Todas son correctas.

26. Para el cumplimiento de sus fines y en el ámbito de sus respectivas competencias, las Entidades Locales tendrán plena capacidad jurídica para adquirir toda clase de bienes, de acuerdo con:

a) La Constitución y las leyes.
b) Los Estatutos de las Comunidades Autónomas.
c) El ordenamiento jurídico.
d) Sus Reglamentos Orgánicos.

27. Entre las potestades que corresponden a los municipios, no se encuentra:

a) Potestad reglamentaria.
b) Potestad de programación o planificación.
c) Potestades de ejecución forzosa y sancionadora.
d) Potestad legislativa.

28. El ejercicio de las competencias de las Entidades Locales propias o atribuidas por delegación:

a) Podrá realizarse en los términos previstos en la legislación del Estado y de las Comunidades Autónomas.
b) Deberá realizarse, en todo caso, en los términos previstos en la legislación del Estado y de las Comunidades Autónomas.
c) Deberá realizarse en los términos previstos en la legislación del Estado y de las Comunidades Autónomas, salvo que una disposición con rango de ley establezca lo contrario.
d) Ninguna es correcta.

29. Señala la respuesta incorrecta, en relación a las competencias propias de los municipios:

a) Pueden ser determinadas por Ley o reglamentariamente.
b) Se ejercen en régimen de autonomía.
c) Se ejercen bajo la propia responsabilidad.
d) Se ejercen atendiendo siempre a la debida coordinación en su programación y ejecución con las demás Administraciones Públicas.

30. ¿Cómo se ejercen las competencias delegadas del Estado y Comunidades Autónomas a las Entidades Locales?

a) En los términos establecidos en la disposición.
b) En el acuerdo de delegación.

c) Siguiendo el procedimiento establecido en el artículo 6 de la Ley 7/1985.

d) Son correctas a) y b).

31. Señala la respuesta correcta, en relación a las competencias de las Entidades Locales:

a) Los Estatutos de Autonomía podrán determinar las competencias que ellos mismos atribuyen o que, en todo caso, deban corresponder a los entes locales en las materias que regulen.

b) Las leyes básicas del Estado previstas constitucionalmente podrán determinar las competencias que ellas mismas atribuyan o que, en cualquier caso, deban corresponder a los entes locales en las materias que regulen.

c) Las leyes básicas del Estado previstas constitucionalmente deberán determinar las competencias que ellas mismas atribuyan o que, en todo caso, deban corresponder a los entes locales en las materias que regulen.

d) Ninguna es correcta.

32. ¿Cómo se denomina el Título I de la Ley 7/1985, de 2 de abril?

a) Municipio.

b) Territorio y población.

c) Competencias.

d) Disposiciones generales.

33. ¿Puede una entidad territorial de ámbito inferior al municipio ejercer la potestad de revisión de oficio de sus actos y acuerdos?

a) Sí, siempre.

b) No, en ningún caso, puesto que no tienen personalidad jurídica.

c) Sí, debiendo las leyes básicas del Estado concretar qué potestades serán de aplicación.

d) Ninguna es correcta.

34. ¿Tiene competencia una Mancomunidad de Municipios para ejercer la potestad de ejecución forzosa y sancionadora?

a) Sí, si así está establecido en sus Estatutos.

b) No, al no ser una Entidad Local territorial.

c) Sí, aunque no sean precisas para el cumplimiento de su finalidad.

d) Sí, siempre.

35. Entre las potestades que corresponden a los municipios, las provincias y las islas se encuentra:

a) Presunción de autoridad.

b) Potestad de coordinación.

c) Potestad presupuestaria.

d) Potestad de recuperación de oficio de sus bienes.

36. En una Diputación, ¿a quién le corresponde el nombramiento de los Vicepresidentes?

a) Al Presidente.

b) Al Pleno.

c) A la Junta de Gobierno Local.

d) Ninguna es correcta.

37. Señala la respuesta incorrecta, en relación a la Junta de Gobierno:

a) Se integra por el Presidente y un número de Diputados no superior al tercio del número legal de los mismos, nombrados y separados libremente por aquel, dando cuenta a la Junta de Gobierno.

b) Le corresponde la asistencia al Presidente en el ejercicio de sus atribuciones.

c) Le corresponde las atribuciones que el Presidente le delegue o le atribuyan las leyes.

d) Los Vicepresidentes sustituyen, por el orden de su nombramiento y en los casos de vacante, ausencia o enfermedad, al Presidente, siendo libremente designados por este entre los miembros de la Junta de Gobierno.

38. Entre las competencias propias de la Diputación se encuentra:

a) Participar en la vigilancia del cumplimiento de la escolaridad obligatoria y cooperar con las Administraciones educativas correspondientes en la obtención de los solares necesarios para la construcción de nuevos centros docentes. La conservación, mantenimiento y vigilancia de los edificios de titularidad local destinados a centros públicos de educación infantil, de educación primaria o de educación especial.

b) Promoción en su término municipal de la participación de los ciudadanos en el uso eficiente y sostenible de las tecnologías de la información y las comunicaciones.

c) Actuaciones en la promoción de la igualdad entre hombres y mujeres así como contra la violencia de género.

d) La asistencia y cooperación jurídica, económica y técnica a los Municipios, especialmente los de menor capacidad económica y de gestión.

39. Se consideran interesados en el procedimiento:

a) Quienes lo promuevan, aunque no tengan un interés legítimo ni sean titulares de algún derecho.

b) Aquellos cuyos intereses legítimos, individuales o colectivos, puedan resultar afectados por la resolución aunque haya recaído ya la resolución definitiva.

c) Los que, sin haber iniciado el procedimiento, tengan derechos que puedan resultar afectados por la decisión que en el mismo se adopte.

d) Cualquier persona física o jurídica que ostente capacidad de obrar con arreglo a las normas civiles.

40. En caso de representación de otras personas ante las Administraciones Públicas, no es necesario acreditar la representación:

a) Para actos de mero trámite.
b) Para formular solicitudes.
c) Para interponer recursos.
d) Para renunciar a derechos en nombre de otra persona.

41. Cuando en una solicitud, escrito o comunicación figure una pluralidad de interesados sin que se haya fijado un representante, o cuál de ellos les representa, las actuaciones a que den lugar se efectuarán:

a) Con todos ellos.
b) Con quien decida el órgano administrativo.
c) Con cualquiera de ellos aleatoriamente.
d) Con el que figure en primer término.

42. ¿Serán motivados los actos que limiten derechos subjetivos o intereses legítimos?

a) Sí.
b) No.
c) Solo aquellos que se establezcan expresamente en la ley.
d) Ninguna es correcta.

43. Serán motivados, con sucinta referencia de hechos y fundamentos de derecho:

a) Los actos que limiten derechos subjetivos o intereses legítimos.
b) Los actos que se separen del criterio seguido en actuaciones precedentes o del dictamen de órganos consultivos.
c) Los actos que rechacen pruebas propuestas por los interesados.
d) Todas son correctas.

44. Las notificaciones se practicarán preferentemente:

a) Por medios electrónicos.
b) Por correo certificado.
c) Por correo ordinario.
d) Por Burofax.

45. ¿En qué casos no se efectuarán por medios electrónicos las notificaciones?

a) Aquellas en las que el acto a notificar vaya acompañado de elementos que no sean susceptibles de conversión en formato electrónico.
b) Las que contengan medios de pago a favor de los obligados, tales como cheques.
c) Son correctas a) y b).
d) Ninguna es correcta.

46. Cuando la notificación se practique en el domicilio del interesado, de no hallarse presente este en el momento de entregarse la notificación, podrá hacerse cargo de la misma:

a) Cualquier persona mayor de 14 años que se encuentre en el domicilio y haga constar su identidad.
b) Cualquier persona mayor de 16 años que se encuentre en el domicilio y haga constar su identidad.
c) Cualquier persona mayor de 18 años que se encuentre en el domicilio y haga constar su identidad.
d) Cualquier persona mayor de edad que se encuentre en el domicilio y haga constar su identidad.

47. Cuando la notificación se practique en el domicilio del interesado y nadie se hiciera cargo de la misma:

a) Se hará constar esta circunstancia en el expediente, junto con el día y la hora en que se intentó la notificación, intento que se repetirá dos veces máximo y en una hora distinta dentro de los tres días siguientes.
b) Se hará constar esta circunstancia en el expediente, junto con el día y la hora en que se intentó la notificación, intento que se repetirá por una sola vez y en una hora distinta dentro de los tres días siguientes.
c) Se hará constar esta circunstancia en el expediente, junto con el día y la hora en que se intentó la notificación, intento que se repetirá por una sola vez y en una hora distinta dentro de los siete días siguientes.
d) Se hará constar esta circunstancia en el expediente, junto con el día y la hora en que se intentó la notificación, intento que se repetirá por una sola vez y en una hora distinta dentro de los diez días siguientes.

48. Cuando los interesados en un procedimiento sean desconocidos o se ignore el lugar de la notificación, esta se hará por medio de:

a) Un anuncio publicado en el «Boletín Oficial del Estado».
b) Un anuncio en el Ayuntamiento.
c) Las dos son correctas.
d) Ninguna es correcta.

49. ¿En qué casos son nulos de pleno derecho los actos de las Administraciones Públicas?

a) Los dictados por órgano manifiestamente incompetente por razón de la materia o del territorio.
b) Los que tengan un contenido imposible.

c) Los actos expresos o presuntos contrarios al ordenamiento jurídico por los que se adquieren facultades o derechos cuando se carezca de los requisitos esenciales para su adquisición.
d) Todas son correctas.

50. Los actos que sean constitutivos de infracción penal son nulos de pleno derecho?

a) Sí.
b) No.
c) Solo en algunas infracciones.
d) Ninguna es correcta.

51. Según el artículo 76, los interesados podrán, en cualquier momento del procedimiento anterior al trámite de audiencia:

a) Aducir alegaciones.
b) Aportar documentos.
c) Aportar otros elementos de juicio.
d) Todas son correctas.

52. Cuando la Administración no tenga por ciertos los hechos alegados por los interesados, el instructor del mismo acordará la apertura de un período de prueba por un plazo de:

a) No superior a veinte días ni inferior a diez.
b) No superior a treinta días ni inferior a diez.
c) No superior a treinta días ni inferior a siete.
d) No superior a diez días ni inferior a cinco.

53. La Administración comunicará a los interesados, con….., el inicio de las actuaciones necesarias para la realización de las pruebas que hayan sido admitidas:

a) Antelación suficiente.
b) 7 días de antelación.
c) 10 días de antelación.
d) 20 días de antelación.

54. ¿En qué casos se puede dar una tramitación simplificada, según el artículo 96 de la Ley 39/2015?

a) En todos.
b) Por razones de interés público.
c) Por la complejidad del procedimiento.
d) Son correctas b) y c).

55. ¿Se puede ejecutar una resolución que limite derechos de los particulares sin haberse adoptado la resolución que le sirva de fundamento jurídico, según el artículo 97 de la Ley 39/2015?

a) Sí.
b) No, salvo excepciones.
c) No, salvo disposición legal en contrario.
d) No.

56. Los actos de las Administraciones Públicas sujetos al Derecho Administrativo, tal y como establece el artículo 98 de la Ley 3972015, serán inmediatamente ejecutivos, salvo que:

a) Se produzca la caducidad de la ejecución del acto.
b) Se trate de una resolución de un procedimiento de naturaleza sancionadora contra la que no quepa algún recurso en vía administrativa, incluido el potestativo de reposición.
c) Una disposición establezca lo contrario.
d) Se necesite aprobación o autorización.

57. ¿Cuál de los siguientes es un medio de ejecución forzosa (artículo 100 Ley 39)?

a) Multa coercitiva.
b) Ejecución directa.
c) Apremio.
d) Todas son correctas.

58. En relación a la ejecución subsidiaria, es cierto (artículo 102 Ley 39):

a) Tendrá lugar cuando se trate de actos personalísimos de hacer.
b) Tendrá lugar cuando se trate de actos que por no ser personalísimos puedan ser realizados por sujeto distinto del obligado.
c) No es un medio de ejecución forzosa.
d) Se lleva a cabo a costa de la Administración.

59. Las comisiones de servicios de carácter forzoso tendrán una duración máxima de:

a) Un año, improrrogable.
b) Un año prorrogable por otro en caso de no haberse cubierto el puesto con carácter definitivo.
c) Dos años, improrrogables.
d) Dos años prorrogables por uno más en caso de no haberse cubierto el puesto con carácter definitivo.

**60. La Comisión de servicios para participar en programas o misiones de coo-
peración internacional al servicio de Organizaciones internacionales, Entidades o
Gobiernos extranjeros no será superior, salvo casos excepcionales, a:**

a) 6 meses.
b) 12 meses.
c) 2 años.
d) 3 años.

**61. Los funcionarios, cuando sean designados miembros del Gobierno o de los
órganos de gobierno de las comunidades autónomas y ciudades de Ceuta y Melilla,
miembros de las Instituciones de la Unión Europea o de las organizaciones internacionales, o sean nombrados altos cargos de las citadas Administraciones Públicas o
Instituciones, serán declarados en la situación de:**

a) Servicio activo.
b) Servicio en otras Administraciones Públicas.
c) Servicios especiales.
d) Excedencia voluntaria.

**62. Los funcionarios de carrera en la situación de servicio en otras Administraciones
Públicas que se encuentren en dicha situación por haber obtenido un puesto de trabajo
mediante los sistemas de provisión previstos en el Estatuto Básico del Empleado Público:**

a) Se rigen por la legislación de la Administración de origen.
b) Pierden su condición de funcionario de la Administración de origen.
c) Adquieren el derecho a participar en las convocatorias para la provisión de puestos de
trabajo que se efectúen por la Administración en la que estén destinados de forma efectiva.
d) El tiempo de servicio en la Administración Pública en la que estén destinados se les
computará como de servicio activo en su cuerpo o escala de origen.

**63. Según el Estatuto Básico del Empleado Público, los funcionarios de carrera podrán
obtener la excedencia voluntaria por interés particular cuando hayan prestado servicios
efectivos en cualquiera de las Administraciones Públicas durante un periodo mínimo de:**

a) Tres años, en los últimos cinco años.
b) Tres años inmediatamente anteriores.
c) Cinco años inmediatamente anteriores.
d) Dos años, en los últimos cinco años.

**64. A los funcionarios en excedencia por cuidado de familiares se les reservará el
puesto de trabajo desempeñado:**

a) Sí, durante todo el tiempo de la excedencia.
b) No, en ningún caso.
c) Solo durante el primer año.
d) Al menos durante 2 años.

65. La funcionaria en excedencia por razón de violencia de género tendrá derecho a percibir las retribuciones íntegras:

a) Sí, durante todo el tiempo de la excedencia.
b) No, solo tiene derecho a percibir las prestaciones familiares por hijo a cargo.
c) Durante el primer año de la excedencia.
d) Durante los dos primeros meses.

66. La suspensión firme por sanción disciplinaria no podrá exceder de:

a) 2 años.
b) 3 años.
c) 4 años.
d) 6 años.

67. Salvo en caso de paralización del procedimiento imputable al interesado, la suspensión provisional como medida cautelar en la tramitación de un expediente disciplinario no podrá exceder de:

a) 3 meses.
b) 6 meses.
c) 1 año.
d) 3 años.

68. La excedencia voluntaria incentivada tendrá una duración de:

a) 6 meses.
b) 1 año.
c) 5 años.
d) 6 años.

69. La tasa para la celebración de los matrimonios en forma civil:

a) Es obligatoria según la LHL.
b) Es potestativa.
c) No está contemplada en la LHL.
d) Ninguna es correcta.

70. Indica cuál de los siguientes es un supuesto de no sujeción:

a) Limpieza de la vía pública.
b) Enseñanza.
c) Vigilancia pública particular.
d) Abastecimiento de aguas.

71. El importe de las tasas previstas por la utilización privativa o el aprovechamiento especial del dominio público local se fijará de acuerdo con las siguientes reglas:

a) Con carácter general, tomando como referencia el valor que tendría en el mercado la utilidad derivada de dicha utilización o aprovechamiento, si los bienes afectados no fuesen de dominio público.

b) Cuando se utilicen procedimientos de licitación pública, el importe de la tasa vendrá determinado por el valor económico de la proposición sobre la que recaiga la concesión, autorización o adjudicación.

c) Cuando se trate de tasas por utilización privativa o aprovechamientos especiales constituidos en el suelo, subsuelo o vuelo de las vías públicas municipales, a favor de empresas explotadoras de servicios de suministros que resulten de interés general o afecten a la generalidad o a una parte importante del vecindario, el importe de aquellas consistirá, en todo caso y sin excepción alguna, en el 1,5 por ciento de los ingresos brutos procedentes de la facturación que obtengan anualmente en cada término municipal las referidas empresas.

d) Todas son correctas.

72. Tendrán la consideración de obras y servicios locales:

a) Los que realicen las entidades locales dentro del ámbito de sus competencias para cumplir los fines que les estén atribuidos, sin excepción.

b) Los que realicen dichas entidades por haberles sido atribuidos o delegados por otras entidades públicas y aquellos cuya titularidad hayan asumido reglamentariamente.

c) Los que realicen otras entidades públicas, o los concesionarios de estos, con aportaciones económicas de la entidad local.

d) Todas son correctas.

73. Indica la opción correcta, sobre los precios públicos:

a) El importe de los precios públicos deberá cubrir como máximo el coste del servicio prestado o de la actividad realizada.

b) Cuando existan razones sociales, benéficas, culturales o de interés público que así lo aconsejen, la entidad podrá fijar precios públicos por debajo del límite previsto en el apartado anterior. En estos casos deberán consignarse en los presupuestos de la entidad las dotaciones oportunas para la cobertura de la diferencia resultante si la hubiera.

c) Ambas son correctas.

d) Ninguna es correcta.

74. ¿A qué principio están sujetas las operaciones financieras que suscriban las Corporaciones Locales?

a) Economía.

b) Estabilidad presupuestaria.

c) Sostenibilidad financiera.

d) Prudencia financiera.

75. Para atender necesidades transitorias de tesorería, las entidades locales podrán concertar operaciones de crédito a corto plazo, según indica el artículo 51 LHL:

a) Que no exceda de un año, siempre que en su conjunto superen el 30 por ciento de sus ingresos liquidados por operaciones corrientes en el ejercicio anterior, salvo que la operación haya de realizarse en el primer semestre del año sin que se haya producido la liquidación del presupuesto de tal ejercicio, en cuyo caso se tomará en consideración la liquidación del ejercicio anterior a este último.

b) Que no exceda de un año, siempre que en su conjunto no superen el 20 por ciento de sus ingresos liquidados por operaciones corrientes en el ejercicio anterior, salvo que la operación haya de realizarse en el primer semestre del año sin que se haya producido la liquidación del presupuesto de tal ejercicio, en cuyo caso se tomará en consideración la liquidación del ejercicio anterior a este último.

c) Que exceda de un año, siempre que en su conjunto no superen el 10 por ciento de sus ingresos liquidados por operaciones corrientes en el ejercicio anterior, salvo que la operación haya de realizarse en el primer semestre del año sin que se haya producido la liquidación del presupuesto de tal ejercicio, en cuyo caso se tomará en consideración la liquidación del ejercicio anterior a este último.

d) Ninguna es correcta.

76. De acuerdo con el artículo 2 del Texto Refundido de la Ley Reguladora de las Haciendas Locales (LHL), son recursos de las entidades locales:

a) Subvenciones y el producto de operaciones de crédito.

b) Los precios públicos y las tasas.

c) El producto de las multas, sanciones y subvenciones.

d) Los ingresos procedentes de su patrimonio; los tributos propios; la participación en los tributos del Estado y de las Comunidades Autónomas, las subvenciones y el producto de las operaciones de crédito.

77. Son tasas por utilización privativa o aprovechamiento especial del dominio local, entre otras las siguientes:

a) Sacas de arena y ocupación del suelo, vuelo y subsuelo de uso público local.

b) Sacas de arena, ocupación del suelo, vuelo y subsuelo; entrada de vehículos a través de las aceras y ocupación de terrenos de uso público local con mesas y sillas.

c) Rodaje y arrastre de vehículos y establecimiento de vehículos de tracción mecánica en las vías. d) Mercadillo semanal, ocupación de vía pública con escombros y materiales de construcción, ocupación de vía pública con mesas y sillas.

78. Según establece el artículo 17 del Real Decreto Legislativo 2/2004 que aprueba el texto refundido de la Ley Reguladora de Haciendas Locales (LHL), los acuerdos provisionales para la aprobación de ordenanzas fiscales, señala la correcta:

a) Se expondrán en el tablón de anuncios durante 15 días.

b) Se expondrán en el tablón de anuncios durante 15 días como mínimo.

c) Se expondrán en el tablón de anuncios durante 30 días.
d) Se expondrán en el tablón de anuncios durante 30 días como mínimo.

79. Forman parte del derecho de los trabajadores a una protección eficaz en materia de seguridad y salud en el trabajo:

a) La formación en igualdad.
b) La formación en materia preventiva.
c) Ambas son correctas.
d) Ninguna es correcta.

80. En cumplimiento de qué deber, el empresario debe garantizar la seguridad y salud de los trabajadores a su servicio en todos los aspectos relacionados con el trabajo (artículo 14 LPRL).

a) Deber de prevención.
b) Deber de formación en materia preventiva.
c) Derecho de protección
d) Deber de protección.

81. El coste de las medidas relativas a la seguridad y la salud en el trabajo, según la Ley de Prevención de Riesgos Laborales:

a) Recae en todo caso en el trabajador.
b) Podrá recaer en el trabajador.
c) Recae en uno u otro.
d) Ninguna es correcta.

82. El empresario aplicará las medidas que integran el deber general de prevención previsto en el artículo 14 de la Ley de Prevención de Riesgos Laborales, con arreglo a los siguientes principios generales. Indica el incorrecto:

a) Adoptar medidas que antepongan la protección individual a la colectiva.
b) Sustituir lo peligroso por lo que entrañe poco o ningún peligro.
c) Planificar la prevención, buscando un conjunto coherente que integre en ella la técnica, la organización del trabajo, las condiciones de trabajo, las relaciones sociales y la influencia de los factores ambientales en el trabajo.
d) Ninguna es correcta.

83. Son obligaciones del empresario, según indica la Ley de Prevención de Riesgos Laborales:

a) Tomar en consideración las capacidades profesionales de los trabajadores en materia de seguridad y de salud en el momento de encomendarles las tareas.
b) Adoptar las medidas necesarias a fin de garantizar que solo los trabajadores que hayan recibido información suficiente y adecuada puedan acceder a las zonas de riesgo grave y específico.

c) Ambas son correctas.

d) Ninguna es correcta.

84. ¿Cuándo se va a entender desestimada la reclamación ante el Consejo de Transparencia y Buen Gobierno?

a) Transcurrido un mes desde la resolución y notificación.

b) El plazo máximo para resolver y notificar la resolución será de tres meses, transcurrido el cual, la reclamación se entenderá desestimada.

c) En ningún caso, puesto que se entiende estimada siempre.

d) Cuando transcurran los plazos establecidos reglamentariamente.

85. Conforme a lo dispuesto en el artículo 18 de la Ley 19/2013, de Transparencia, Acceso a la Información Pública y Buen Gobierno, no es causa para inadmitir a trámite las solicitudes de acceso a la información pública que:

a) Estén dirigidas a un órgano en cuyo poder no obre la información requerida cuando se desconozca el competente.

b) Sean manifiestamente repetitivas.

c) No estén motivadas.

d) Se refieran a información que esté en curso de elaboración o de publicación general.

86. ¿Según la Ley de Transparencia, de 19/2013, de 9 de diciembre, de qué plazo máximo disponen el Consejo de Transparencia y Buen Gobierno para resolver y notificar la resolución sobre acceso a la información pública?

a) De seis meses, transcurridos el cual, la reclamación se entenderá desestimada.

b) De tres meses, transcurridos el cual, la reclamación se entenderá desestimada.

c) De un mes, transcurrido el cual, la reclamación se entenderá desestimada.

d) De veinte días, transcurrido el cual, la reclamación se entenderá desestimada.

87. Señala la opción incorrecta, en virtud de lo dispuesto en la Ley 19/2013, de 9 de diciembre, de transparencia, acceso a la información pública y buen gobierno:

a) Las administraciones públicas publicarán los planes y programas anuales y plurianuales en los que se fijen objetivos concretos, así como las actividades, medios y tiempo previsto para su consecución.

b) Se entiende por información pública los contenidos o documentos, cualquiera que sea su formato o soporte, que obren en poder de alguno de los sujetos incluidos en el ámbito de aplicación del título I, que hayan sido elaborados o adquiridos en el ejercicio de sus funciones.

c) El derecho de acceso podrá ser limitado, entre otras causas, cuando acceder a la información suponga un perjuicio para la protección del medio ambiente.

d) El Portal de la Transparencia no incluirá la información de la Administración cuyo acceso se solicite con mayor frecuencia.

88. El objetivo de transparencia perseguido por la Ley 19/2013, de 9 de diciembre, de acceso a la información pública y buen gobierno se cumpliría con la identificación de los firmantes de un convenio:

a) Con la supresión de la totalidad de las firmas manuscritas del documento siempre y cuando conste en el documento publicado algún tipo de mención que ponga de manifiesto que el original ha sido efectivamente firmado.

b) Con la identificación del DNI y de la firma manuscrita porque tienen la consideración de dato especialmente protegido.

c) Con la identificación del DNI y de la firma manuscrita porque tienen la consideración de dato meramente identificativo.

d) Todas las anteriores son correctas.

89. ¿De qué fecha es la Ley de transparencia, acceso a la información pública y buen gobierno?

a) 9 de diciembre de 2013.
b) 8 de diciembre de 2018.
c) 3 de diciembre de 2011.
d) 9 de diciembre de 2012.

90. Según la Ley 19/2013, de 9 de diciembre, de transparencia, acceso a la información pública y buen gobierno, el solicitante de un acceso a información pública:

a) Está obligado a motivar su solicitud.
b) No está obligado a motivar su solicitud.
c) La ausencia de motivación será por si sola causa de rechazo de la solicitud.
d) Ninguna es correcta.

91. Según lo establecido en la Ley 19/2013 de transparencia, acceso a la información pública y buen gobierno, el incumplimiento reiterado de la obligación de resolver en plazo las solicitudes de acceso a información pública:

a) Tendrá la consideración de infracción grave, a los efectos de aplicación a sus responsables del régimen disciplinario previsto en la correspondiente normativa reguladora.

b) Tendrá la consideración de infracción muy grave, a los efectos de aplicación a sus responsables del régimen disciplinario previsto en la correspondiente normativa reguladora.

c) Tendrá la consideración de infracción leve, a los efectos de aplicación a sus responsables del régimen disciplinario.

d) Ninguna es correcta.

92. El Observatorio Estatal de Violencia sobre la Mujer:

a) Es un órgano unipersonal.
b) Se adscribe al Ministerio competente en Igualdad.
c) Por Ley se determinan sus funciones.
d) Ninguna es correcta.

93. Los distintos organismos, agencias, entes y demás estructuras de las administraciones públicas que de modo directo o indirecto configuren el sistema de gestión cultural, desarrollarán las siguientes actuaciones:

a) Adoptar iniciativas destinadas a favorecer la promoción específica de las mujeres en la cultura y a combatir su discriminación estructural y/o difusa.

b) Políticas activas y pasivas de ayuda a la creación y producción artística e intelectual de autoría femenina, traducidas en incentivos de naturaleza económica, con el objeto de crear las condiciones para que se produzca una efectiva igualdad de oportunidades.

c) Promover la paridad de mujeres y hombres en la oferta artística y cultural pública.

d) Todas son correctas.

94. Desde la responsabilidad del Gobierno del Estado y de manera inmediata a la entrada en vigor de esta ley, con la consiguiente dotación presupuestaria, se pondrá en marcha un Plan Estatal de Sensibilización y Prevención de la Violencia de Género con carácter permanente que como mínimo recoja los siguientes elementos:

a) Que introduzca en el escenario social las nuevas escalas de valores basadas en el respeto de los derechos y libertades fundamentales y de la igualdad entre hombres y mujeres, así como en el ejercicio de la tolerancia y de la libertad dentro de los principios democráticos de convivencia, todo ello desde la perspectiva de las relaciones de género.

b) Dirigido tanto a hombres como a mujeres, desde un trabajo comunitario e intercultural, incluyendo el ámbito de las tecnologías de la información y el digital.

c) Que contemple un amplio programa de formación complementaria y de reciclaje de los profesionales que intervienen en estas situaciones.

d) Todas son correctas.

95. Las situaciones de violencia de género que dan lugar al reconocimiento de los derechos regulados en la Ley Orgánica 1/2004 se acreditarán mediante:

a) Una sentencia condenatoria por cualquiera de las manifestaciones de la violencia contra las mujeres previstas en esta ley.

b) Una resolución de protección.

c) Cualquier otra resolución judicial que acuerde una medida cautelar a favor de la víctima, o bien por el informe del Tribunal Supremo que indica la existencia de indicios de que la demandante es víctima de violencia de género.

d) Todas son correctas.

96. Las ausencias totales o parciales al trabajo motivadas por la situación física o psicológica derivada de la violencia de género sufrida por una mujer funcionaria se considerarán justificadas en los términos:

a) Que se determine en la Ley Orgánica 3/2007.

b) Que se determine en la Ley Orgánica 1/2004.

c) Que se determine en su legislación específica.

d) Ninguna es correcta.

97. Cuando las víctimas de violencia de género careciesen de rentas superiores, en cómputo mensual, al 75 por 100 del salario mínimo interprofesional, excluida la parte proporcional de dos pagas extraordinarias, recibirán una ayuda de pago único:

a) En todo caso.

b) Siempre que se presuma que debido a su edad, falta de preparación general o especializada y circunstancias sociales, la víctima tendrá especiales dificultades para obtener un empleo y por dicha circunstancia no participará en los programas de empleo establecidos para su inserción profesional.

c) Siempre que se presuma que debido a su discapacidad o falta de autonomía, la víctima tendrá especiales dificultades para obtener un empleo y por dicha circunstancia no participará en los programas de empleo establecidos para su inserción profesional.

d) Ninguna es correcta.

98. De acuerdo con el artículo 55 de la Ley Orgánica 3/2007, e 22 de marzo, para la igualdad efectiva de mujeres y hombres, el informe de impacto de género en las pruebas de acceso al empleo público:

a) Debe acompañar a la aprobación de convocatorias de pruebas selectivas para el acceso al empleo público, en todo caso.

b) Debe acompañar a la aprobación de convocatorias de pruebas selectivas para el acceso al empleo público, únicamente en casos de urgencia en el caso de la Administración Local.

c) Debe acompañar a la aprobación de convocatorias de pruebas selectivas para el acceso al empleo público, salvo en casos de urgencia.

d) Debe acompañar a la aprobación de convocatorias de pruebas selectivas para el acceso al empleo público, salvo en casos de urgencia y siempre sin perjuicio de la prohibición de discriminación por razón de sexo.

99. La evaluación sobre la igualdad en el empleo público indicada en el artículo 63 de la Ley Orgánica 3/2007, de 22 de marzo, para la igualdad efectiva de mujeres y hombres, contendrá:

a) Información relativa a la aplicación efectiva del principio de igualdad entre hombres y mujeres con especificación del grupo de titulación.

b) Información relativa a la aplicación efectiva del principio de igualdad entre hombres y mujeres con especificación del grupo de titulación, complemento de productividad, retribuciones promediadas, mediante desagregación por sexo de los datos.

c) Información relativa a la aplicación efectiva del principio de igualdad entre hombres y mujeres con especificación del grupo de titulación, de la distribución de su plantilla, complemento de destino y retribuciones promediadas, mediante desagregación por sexo de los datos.

d) Información relativa a la aplicación efectiva del principio de igualdad entre hombres y mujeres con especificación del grupo de titulación, complemento de productividad, complemento de destino y retribuciones promediadas, mediante desagregación por sexo de los datos.

100. Según la Ley Orgánica 3/2007, de 22 de marzo, para la igualdad efectiva de hombres y mujeres, el órgano colegiado responsable de la coordinación de las políticas y medidas adoptadas por los departamentos ministeriales con la finalidad de garantizar el derecho a la igualdad entre mujeres y hombres y promover su efectividad es:

a) La Unidad de la Mujer.
b) La Comisión Interministerial de Igualdad entre mujeres y hombres.
c) El Instituto de la Mujer.
d) El Consejo de Participación de la Mujer.

Solución simulacro n.º 4

1. c) Es un Alto Comisionado de las Cortes Generales.

2. b) Toda persona detenida debe ser informada de forma inmediata, y de modo que le sea comprensible, de sus derechos y de las razones de su detención, no pudiendo ser obligada a declarar.

3. b) En las diligencias policiales y judiciales.

4. b) A la reinserción social.

5. a) 15 días, pudiendo ser prorrogado.

6. d) El derecho a la autonomía de las nacionalidades y regiones que la integran y la solidaridad entre todas ellas.

7. c) Los poderes públicos.

8. d) A los poderes públicos.

9. d) Su título es el de Rey de España y podrá utilizar los demás que correspondan a la Corona.

10. d) En la forma que más convenga a los intereses de España.

11. a) Para proceder a la reforma constitucional.

12. c) Ordinarias en materia tributaria.

13. c) La Audiencia Nacional.

14. b) El Tribunal Supremo.

15. c) El Tribunal Supremo, con jurisdicción en toda España, es el órgano jurisdiccional superior en todos los órdenes, salvo lo dispuesto en materia de garantías constitucionales.

16. a) El Gobierno responde de su gestión política ante el Congreso de los Diputados.

17. d) Por mayoría absoluta.

18. d) Todas son correctas.

19. a) Son órganos directivos con rango de Subsecretario que dependen orgánicamente del Presidente del Gobierno y funcionalmente del Ministerio competente por razón de la materia.

20. c) El Tribunal Constitucional.

21. d) El Tribunal de Cuentas.

22. a) Las Áreas Metropolitanas.

23. d) 7.

24. b) El artículo 2.

25. d) Todas son correctas.

26. a) La Constitución y las leyes.

27. d) Potestad legislativa.

28. b) Deberá realizarse, en todo caso, en los términos previstos en la legislación del Estado y de las Comunidades Autónomas.

29. a) Pueden ser determinadas por Ley o reglamentariamente.

30. d) Son correctas a) y b).

31. c) Las leyes básicas del Estado previstas constitucionalmente deberán determinar las competencias que ellas mismas atribuyan o que, en todo caso, deban corresponder a los entes locales en las materias que regulen.

32. d) Disposiciones generales.

33. d) Ninguna es correcta.

34. a) Sí, si así está establecido en sus Estatutos.

35. d) Potestad de recuperación de oficio de sus bienes.

36. a) Al Presidente.

37. a) Se integra por el Presidente y un número de Diputados no superior al tercio del número legal de los mismos, nombrados y separados libremente por aquel, dando cuenta a la Junta de Gobierno.

38. d) La asistencia y cooperación jurídica, económica y técnica a los Municipios, especialmente los de menor capacidad económica y de gestión.

39. c) Los que, sin haber iniciado el procedimiento, tengan derechos que puedan resultar afectados por la decisión que en el mismo se adopte.

40. a) Para actos de mero trámite.

41. d) Con el que figure en primer término.

42. a) Sí.

43. d) Todas son correctas.

44. a) Por medios electrónicos.

45. c) Son correctas a) y b).

46. a) Cualquier persona mayor de 14 años que se encuentre en el domicilio y haga constar su identidad.

47. b) Se hará constar esta circunstancia en el expediente, junto con el día y la hora en que se intentó la notificación, intento que se repetirá por una sola vez y en una hora distinta dentro de los tres días siguientes.

48. a) Un anuncio publicado en el «Boletín Oficial del Estado».

49. d) Todas son correctas.

50. a) Sí.

51. d) Todas son correctas.

52. b) No superior a treinta días ni inferior a diez.

53. a) Antelación suficiente.

54. b) Por razones de interés público.

55. d) No.

56. c) Una disposición establezca lo contrario.

57. a) Multa coercitiva.

58. b) Tendrá lugar cuando se trate de actos que por no ser personalísimos puedan ser realizados por sujeto distinto del obligado.

59. b) Un año prorrogable por otro en caso de no haberse cubierto el puesto con carácter definitivo.

60. a) 6 meses.

61. c) Servicios especiales.

62. d) El tiempo de servicio en la Administración Pública en la que estén destinados se les computará como de servicio activo en su cuerpo o escala de origen.

63. c) Cinco años inmediatamente anteriores.

64. d) Al menos durante 2 años.

65. d) Durante los dos primeros meses.

66. d) 6 años.

67. b) 6 meses.

68. c) 5 años.

69. b) Es potestativa.

70. a) Limpieza de la vía pública.

71. d) Todas son correctas.

72. c) Los que realicen otras entidades públicas, o los concesionarios de estos, con aportaciones económicas de la entidad local.

73. b) Cuando existan razones sociales, benéficas, culturales o de interés público que así lo aconsejen, la entidad podrá fijar precios públicos por debajo del límite previsto en el apartado anterior. En estos casos deberán consignarse en los presupuestos de la entidad las dotaciones oportunas para la cobertura de la diferencia resultante si la hubiera.

74. d) Prudencia financiera.

75. d) Ninguna es correcta.

76. d) Los ingresos procedentes de su patrimonio; los tributos propios; la participación en los tributos del Estado y de las Comunidades Autónomas, las subvenciones y el producto de las operaciones de crédito.

77. b) Sacas de arena, ocupación del suelo, vuelo y subsuelo; entrada de vehículos a través de las aceras y ocupación de terrenos de uso público local con mesas y sillas.

78. d) Se expondrán en el tablón de anuncios durante 30 días como mínimo.

79. b) La formación en materia preventiva.

80. d) Deber de protección.

81. d) Ninguna es correcta.

82. a) Adoptar medidas que antepongan la protección individual a la colectiva.

83. c) Ambas son correctas.

84. b) El plazo máximo para resolver y notificar la resolución será de tres meses, transcurrido el cual, la reclamación se entenderá desestimada.

85. c) No estén motivadas.

86. b) De tres meses, transcurridos el cual, la reclamación se entenderá desestimada.

87. d) El Portal de la Transparencia no incluirá la información de la Administración cuyo acceso se solicite con mayor frecuencia.

88. a) Con la supresión de la totalidad de las firmas manuscritas del documento siempre y cuando conste en el documento publicado algún tipo de mención que ponga de manifiesto que el original ha sido efectivamente firmado.

89. a) 9 de diciembre de 2013.

90. b) No está obligado a motivar su solicitud.

91. a) Tendrá la consideración de infracción grave, a los efectos de aplicación a sus responsables del régimen disciplinario previsto en la correspondiente normativa reguladora.

92. d) Ninguna es correcta.

93. a) Adoptar iniciativas destinadas a favorecer la promoción específica de las mujeres en la cultura y a combatir su discriminación estructural y/o difusa.

94. d) Todas son correctas.

95. a) Una sentencia condenatoria por cualquiera de las manifestaciones de la violencia contra las mujeres previstas en esta ley.

96. c) Que se determine en su legislación específica.

97. b) Siempre que se presuma que debido a su edad, falta de preparación general o especializada y circunstancias sociales, la víctima tendrá especiales dificultades para obtener un empleo y por dicha circunstancia no participará en los programas de empleo establecidos para su inserción profesional.

98. d) Debe acompañar a la aprobación de convocatorias de pruebas selectivas para el acceso al empleo público, salvo en casos de urgencia y siempre sin perjuicio de la prohibición de discriminación por razón de sexo.

99. c) Información relativa a la aplicación efectiva del principio de igualdad entre hombres y mujeres con especificación del grupo de titulación, de la distribución de su plantilla, complemento de destino y retribuciones promediadas, mediante desagregación por sexo de los datos.

100. b) La Comisión Interministerial de Igualdad entre mujeres y hombres.

1. Respecto al derecho de reunión que la Constitución Española reconoce, señala la proposición que considere más correcta:

a) Está sometido al régimen de autorización previa, salvo disposición legal en contrario.
b) Está sometido al régimen de comunicación previa, en determinados casos.
c) Podrán prohibirse las reuniones cuando existan razones fundadas de alteración del orden público, con peligro para personas o bienes.
d) Son correctas b) y c).

2. De los derechos que se citan, marque aquel que no puede suspenderse durante la declaración del estado de excepción:

a) Derecho a la asistencia de abogado.
b) Derecho a la huelga.
c) Derecho a la inviolabilidad de las comunicaciones.
d) Derecho a elegir libremente residencia.

3. Respecto a los estados de alarma, excepción y sitio, señala la proposición que considere correcta:

a) El estado de alarma se declara por el Gobierno previa autorización del Congreso.
b) El estado de sitio será declarado por el Gobierno previa autorización por mayoría absoluta del Congreso.
c) El estado de excepción no podrá exceder, con sus prórrogas, de 60 días.
d) Durante el estado de alarma se podrá suspender el ejercicio de determinados derechos fundamentales.

4. ¿Cuáles son los Tribunales que prohíbe expresamente la CE?

a) Los Tribunales de 1ª Instancia.
b) Los Tribunales Locales.
c) Los Tribunales de Excepción.
d) Los Tribunales Militares.

5. ¿Quién está legitimado para interponer el recurso de inconstitucionalidad?

a) El Presidente del Congreso.
b) El Defensor del Pueblo.

c) El Ministerio Fiscal.

d) Son correctas a) y b).

6. Indica la opción incorrecta, basándote en la Constitución Española:

a) Ningún español de origen podrá ser privado de su nacionalidad.

b) El Estado podrá concertar tratados de doble nacionalidad con los países iberoamericanos.

c) En los casos de genocidio, un ciudadano español podrá ser privado de su nacionalidad.

d) La nacionalidad española se adquiere, se conserva y se pierde de acuerdo con lo establecido por la Ley.

7. Indica de las siguientes opciones, reguladas en la Constitución, cuál es la correcta:

a) Las asociaciones que persigan fines o utilicen medios tipificados como delito son legales.

b) Se prohíben las asociaciones secretas y las de carácter paramilitar.

c) Las asociaciones deberán inscribirse en un registro a los efectos de legitimar sus estatutos.

d) Las asociaciones solo podrán ser disueltas o suspendidas en sus actividades en virtud de resolución administrativa.

8. Aquellas personas que teniendo derecho a la sucesión en el trono contrajeren matrimonio contra la expresa prohibición del Rey y de las Cortes Generales:

a) Quedarán excluidas en la sucesión a la Corona por sí pero no sus descendientes.

b) Quedarán excluidas en la sucesión a la Corona por sí y sus descendientes.

c) No quedarán excluidas en la sucesión a la Corona en caso de revocación de la prohibición.

d) Tienen el derecho de gracia.

9. La Reina consorte o el consorte de la Reina:

a) Podrán asumir funciones constitucionales.

b) No podrán asumir funciones constitucionales.

c) No podrán asumir funciones constitucionales, salvo lo dispuesto para la Regencia y Tutela.

d) No podrán asumir funciones constitucionales, salvo lo dispuesto para la Regencia.

10. ¿Quién será competente respecto a las causas contra Diputados y Senadores?

a) La Sala de lo Civil del Tribunal Supremo.

b) La Sala de lo Penal del Tribunal Supremo.

c) La Audiencia Nacional.

d) El Tribunal Superior de Justicia de Madrid.

11. Según la Constitución Española, señala la respuesta correcta:

a) En cada Cámara habrá una Diputación Permanente compuesta por un mínimo de veintiún miembros, que representarán a los grupos políticos, en proporción a su importancia numérica.

b) Las Cámaras pueden remitir al Gobierno las peticiones que reciban. El Gobierno está siempre obligado a explicarse sobre su contenido.

c) Para la denuncia de un tratado internacional de carácter militar se requerirá siempre la previa autorización de las Cortes Generales.

d) Todas son correctas.

12. Los daños causados por error judicial, así como los que sean consecuencia del funcionamiento anormal de la Administración de Justicia, darán derecho a una indemnización a cargo del Estado, conforme:

a) Al ordenamiento jurídico.

b) Al Derecho.

c) A la Constitución.

d) A la ley.

13. De los vocales del Consejo General del Poder Judicial, ¿cuántos pertenecen a la carrera judicial?

a) Al menos, doce.

b) Doce.

c) Ocho.

d) Cuatro.

14. Según la CE, las conclusiones de las Comisiones de Investigación nombradas por el Congreso, el Senado, o por ambas Cámaras, no serán vinculantes para los Tribunales, ni afectarán a las resoluciones judiciales, sin perjuicio de que el resultado de la investigación sea comunicado al:

a) Presidente del Tribunal Supremo.

b) Consejo General del Poder Judicial.

c) Ministerio Fiscal.

d) Congreso de los Diputados.

15. De no alcanzarse la mayoría requerida en primera votación para elegir al Presidente del Gobierno, se someterá la misma propuesta a nueva votación:

a) 24 horas después de la anterior, y la confianza se entenderá otorgada si obtuviere la mayoría simple.

b) 48 horas después de la anterior, y la confianza se entenderá otorgada si obtuviere el voto favorable de tres quintas partes de los miembros.

c) 48 horas después de la anterior, y la confianza se entenderá otorgada si obtuviere la mayoría simple.

d) 24 horas después de la anterior y la confianza se entenderá otorgada si obtuviere el voto favorable de tres quintas partes de los miembros.

16. ¿Quién elige al Presidente del Gobierno?

a) Los ciudadanos españoles, por sufragio universal.
b) El partido político por el que es candidato.
c) El Congreso de los Diputados.
d) Las Cortes Generales.

17. ¿Puede crearse una Subdelegación del Gobierno en una Comunidad Autónoma uniprovincial?

a) No, en ningún caso.
b) Sí, mediante Resolución.
c) Sí, cuando circunstancias tales como la población del territorio, el volumen de gestión o sus singularidades geográficas, sociales o económicas así lo justifiquen.
d) Sí, previa autorización del Ministro respectivo.

18. Las Delegaciones del Gobierno están adscritas orgánicamente:

a) Al Ministerio de la Presidencia.
b) A la Presidencia del Gobierno.
c) Al Ministro respectivo.
d) Al Ministerio de Hacienda.

19. Indica la respuesta correcta, respecto a los Estatutos de Autonomía:

a) Pueden considerarse como la peculiar Constitución de cada Comunidad Autónoma.
b) Son una ley orgánica integrada con este carácter en el total ordenamiento jurídico de la Nación española.
c) El Estado los reconocerá y amparará como parte integrante de su ordenamiento jurídico.
d) Todas son correctas.

20. ¿Quién nombra al Presidente del Consejo de Gobierno de las Comunidades Autónomas?

a) El Rey.
b) La Asamblea de la Comunidad Autónoma.
c) El Presidente de la CC.AA.
d) El Presidente del Gobierno de la Nación.

21. Indica una de las competencias que podrán asumir las Comunidades Autónomas, en virtud del art. 148 CE:

a) Patrimonio monumental de interés de la Comunidad Autónoma.
b) Asistencia social.
c) Puertos y aeropuertos deportivos.
d) Todas son correctas.

22. ¿Quién puede, en materia de competencia estatal, atribuir a todas o a alguna de las Comunidades Autónomas la facultad de dictar, para sí mismas, normas legislativas en el marco de los principios, bases y directrices fijados por una Ley estatal?

a) El Tribunal Constitucional.
b) El Presidente del Gobierno.
c) Las Cortes Generales.
d) El Congreso de los Diputados.

23. Indica una de las características de la Administración Local:

a) A diferencia de la Administración Periférica del Estado, la Local está integrada por Entes, no por órganos, es decir, por sujetos de Derecho con personalidad jurídica propia.
b) La Administración Local forma parte de la Administración Pública, por lo que los Entes que en ella se comprenden están investidos de las prerrogativas y potestades propias de aquella, si bien tales prerrogativas y potestades no les corresponden con carácter originario, sino derivado.
c) Los Entes Públicos menores que se encuadran en la Administración Local tienen, a diferencia de los Entes Institucionales, carácter territorial.
d) Todas son correctas.

24. ¿Cómo se denomina la Entidad Local determinada por la agrupación de Municipios, con personalidad jurídica propia y plena capacidad para el cumplimiento de sus fines?

a) Comunidad Autónoma.
b) Diputación.
c) Provincia.
d) Mancomunidad.

25. En materia de competencia estatal, ¿quién puede atribuir a todas o a alguna de las Comunidades Autónomas, la facultad de dictar, para sí mismas, normas legislativas en el marco de los principios, bases y directrices fijados por una ley estatal?

a) El Congreso de los Diputados.
b) Las Cortes Generales.
c) El Gobierno.
d) La Corona.

26. Según establece el artículo 16 de la Ley 7/1985, de 2 de abril, señala la respuesta correcta en relación al Padrón municipal:

a) Lo aprueba la Comunidad Autónoma a propuesta del Pleno.

b) Sus datos constituyen prueba de la residencia en el municipio y del domicilio habitual en el mismo.

c) Su formación, mantenimiento, revisión y custodia corresponde al Ayuntamiento, conforme a la legislación básica de la Comunidad Autónoma.

d) Todas son correctas.

27. Es competencia del Pleno del Ayuntamiento, tal y como establece el artículo 22 de la Ley 7/1985, de 2 de abril:

a) Asegurar la prestación integral y adecuada de los servicios municipales.

b) Aprobar Bandos, Reglamentos y Ordenanzas.

c) Aprobar la alteración de la calificación jurídica de los bienes de dominio.

d) Todas son correctas.

28. El Pleno municipal puede delegar el ejercicio de sus atribuciones en el Alcalde y en la Junta de Gobierno Local, salvo:

a) La declaración de lesividad de los actos del Ayuntamiento.

b) El ejercicio de acciones judiciales y administrativas y la defensa de la corporación en materias de competencia plenaria.

c) La aceptación de la delegación de competencias hecha por otras Administraciones Públicas.

d) La aprobación de los proyectos de obras y servicios cuando sea competente para su contratación o concesión y cuando aún no estén previstos en los presupuestos.

29. En los municipios de régimen común la Junta de Gobierno Local existe:

a) En todos los municipios con población superior a 10.000 habitantes y en los de menos, cuando así lo disponga su reglamento orgánico o así lo acuerde el Pleno de su ayuntamiento.

b) En todos los municipios con población superior a 5.000 habitantes y en los de menos, cuando así lo disponga su reglamento orgánico o así lo acuerde el Pleno de su ayuntamiento.

c) En todos los municipios con población superior a 20.000 habitantes y en los de menos, cuando así lo disponga su reglamento orgánico o así lo acuerde el Pleno de su ayuntamiento.

d) Como órgano necesario en todo caso.

30. En los municipios de 1.001 a 2.000 habitantes corresponden los siguientes concejales, tal y como establece el artículo 179 de la Ley Orgánica del Régimen Electoral General:

a) 5.

b) 7.

c) 8.
d) 9.

31. Una alteración de términos municipales que comporte modificación de los límites provinciales:

a) Es ilegal.
b) Debe aprobarse por Ley del Parlamento Autonómico.
c) Debe efectuarse con el consentimiento de todas las Corporaciones afectadas.
d) Debe seguir el procedimiento establecido en el artículo 13 de la Ley 7/1985, de 2 de abril.

32. De acuerdo con el artículo 13 de la Ley de Bases del Régimen Local, los municipios colindantes dentro de la misma provincia podrán acordar su fusión mediante un convenio de fusión. El nuevo municipio resultante de la fusión no podrá segregarse hasta transcurridos:

a) Tres años desde la adopción del convenio de fusión.
b) Cinco años desde la adopción del convenio de fusión.
c) Diez años desde la adopción del convenio de fusión.
d) No es necesario que transcurra ningún plazo.

33. De acuerdo con la Ley de Bases del Régimen Local:

a) Se crea el Comité territorial de empadronamiento como órgano colegiado de colaboración entre la Administración General del Estado y los Entes Locales en materia padronal.
b) Se crea la Conferencia Sectorial de Organización Local y Empadronamiento como órgano colegiado de colaboración entre la Administración General del Estado y los Entes Locales en materia padronal.
c) Se crea el Consejo de Empadronamiento como órgano colegiado de colaboración entre la Administración General del Estado y los Entes Locales en material padronal.
d) Ninguna es correcta.

34. Indica cuál de las siguientes afirmaciones es incorrecta, de acuerdo con el artículo 15 de la Ley 7/1985:

a) Toda persona que viva en España está obligada a inscribirse en el Padrón del Municipio en el que resida habitualmente. Quien viva en varios municipios podrá elegir, según su criterio, en cuál de ellos inscribirse.
b) El conjunto de personas inscritas en el Padrón municipal constituye la población del municipio y adquieren la condición de vecino en el mismo momento de su inscripción en el Padrón.
c) Los inscritos en el Padrón municipal son los vecinos del municipio.
d) Ninguna es correcta.

35. De acuerdo con el artículo 17 de la Ley 7/1985, corresponde al Consejo de Empadronamiento:

a) Proponer la aprobación de las instrucciones técnicas precisas para la gestión de los padrones municipales.

b) Remitir trimestralmente a los institutos estadísticos, los datos relativos a los padrones en los municipios de su ámbito territorial en los que se produzcan altas o bajas de extranjeros.

c) La gestión del padrón municipal.

d) Todas son correctas.

36. La prestación de los servicios de secretaría e intervención, se garantizará en todo caso, en los municipios de:

a) Menos de 1.000 habitantes.

b) Más de 5.000 habitantes.

c) Solo en aquellos con población superior a 20.000 habitantes.

d) En todos los municipios independientemente de su población.

37. La Diputación asumirá la prestación de los servicios de tratamiento de residuos en los municipios:

a) De más de 5.000 habitantes.

b) De menos de 20.000 habitantes.

c) De menos de 5.000 habitantes, cuando estos no procedan a su prestación.

d) De menos de 5.000 habitantes.

38. La prevención y extinción de incendios la asumirá la Diputación o entidad equivalente:

a) Siempre.

b) En aquellos municipios de menos de 20.000 habitantes, cuando estos no procedan a su prestación.

c) En todos los municipios con población inferior a 20.000 habitantes.

d) En los municipios de menos de 5.000 habitantes.

39. Pueden actuar en representación de otras ante las Administraciones Públicas:

a) Las personas físicas con o sin capacidad de obrar y las personas jurídicas, aunque no esté previsto en sus Estatutos.

b) Las personas físicas con capacidad de obrar y las personas jurídicas, aunque no esté previsto en sus Estatutos.

c) Las personas físicas con capacidad de obrar y las personas jurídicas, siempre que ello esté previsto en sus Estatutos.

d) Ninguna es correcta.

40. La falta o insuficiencia de la representación:

a) Se puede subsanar en diez días.
b) Es insubsanable.
c) Provoca el rechazo del documento.
d) Se subsana en cinco días máximo.

41. A los efectos previstos en la Ley 39/2015, de 1 de octubre, tendrán capacidad de obrar ante las Administraciones Públicas (señala la incorrecta):

a) Las personas físicas que ostenten capacidad de obrar con arreglo a las normas civiles.
b) Los menores de edad para el ejercicio y defensa de aquellos de sus derechos e intereses cuya actuación no esté permitida por el ordenamiento jurídico sin la asistencia de la persona que ejerza la patria potestad, tutela o curatela.
c) Cuando la Ley así lo declare expresamente, los grupos de afectados las uniones y entidades sin personalidad jurídica y los patrimonios independientes o autónomos.
d) Ninguna es incorrecta.

42. Indica la opción correcta, respecto de la estructura de la Ley 39/2015:

a) Tiene 6 títulos incluido el preliminar.
b) Su título I trata la actividad de las Administraciones Públicas.
c) Su título V regula las disposiciones sobre el procedimiento administrativo común.
d) Ninguna es correcta.

43. Señala la respuesta correcta:

a) Los actos administrativos se producirán por escrito a través de medios electrónicos, a menos que su naturaleza exija otra forma más adecuada de expresión y constancia.
b) Los actos administrativos se producirán siempre por escrito a través de medios electrónicos.
c) Los actos administrativos se producirán por escrito a través de medios electrónicos o verbalmente.
d) Ninguna es correcta.

44. Los actos de las Administraciones Públicas sujetos al Derecho Administrativo se presumirán válidos y producirán efectos desde:

a) La fecha en que se dicten.
b) La fecha en que se dicten, salvo que en ellos se disponga otra cosa.
c) El día siguiente a que se dicten.
d) Los tres días siguientes a que se dicten.

45. ¿En qué plazo deberán ser cursadas las notificaciones?

a) Dentro del plazo de 3 días a partir de la fecha en que el acto haya sido dictado.
b) Dentro del plazo de 6 días a partir de la fecha en que el acto haya sido dictado.
c) Dentro del plazo de 10 días a partir de la fecha en que el acto haya sido dictado.
d) Dentro del plazo de 30 días a partir de la fecha en que el acto haya sido dictado.

46. ¿Qué deberá contener toda notificación?

a) El texto íntegro de la resolución, la expresión de los recursos que procedan, el órgano ante el que hubieran de presentarse y el plazo para interponerlos.
b) El texto íntegro de la resolución, con indicación de si pone fin o no a la vía administrativa, la expresión de los recursos que procedan, en su caso, en vía administrativa y judicial, el órgano ante el que hubieran de presentarse y el plazo para interponerlos.
c) Como mínimo el texto íntegro de la resolución, con indicación de si pone fin o no a la vía administrativa, y el plazo para interponerlos.
d) Es suficiente con el texto íntegro de la resolución, el órgano ante el que hubieran de presentarse y el plazo para interponerlos.

47. Cuando la Administración Pública efectúa una actuación material que no limita derechos subjetivos de los particulares:

a) Debe haber sido adoptado antes el oportuno acto administrativo.
b) No puede hacerlo.
c) No es necesario un previo acto administrativo.
d) Debe oírse al Consejo de Estado.

48. Para que la Administración Pública pueda imponer multas coercitivas contra un ciudadano, en vía de ejecución forzosa de los actos administrativos:

a) Debe existir una norma que se lo permita.
b) Lo puede hacer en cualquier caso.
c) Basta con un reglamento que se lo permita.
d) Debe haber una previsión legal expresa al efecto.

49. La compulsión sobre las personas no procede en los que:

a) Comporten una obligación no personalísima de hacer.
b) Esta obligación sea personalísima de no hacer.
c) Esta obligación sea personalísima de soportar.
d) Se dé cualquiera de las circunstancias anteriores.

50. Los supuestos de nulidad absoluta de actos administrativos:

a) Son la regla general en nuestro Derecho.
b) Son los recogidos en el artículo 62 de la Ley de Régimen Jurídico de las Administraciones Públicas y del Procedimiento Administrativo Común, exclusivamente.

c) Pueden señalarse expresamente por otro tipo de normas.

d) Son solo los del artículo 62 citado y de otras Leyes formales.

51. Cuando las indemnizaciones reclamadas sean de cuantía igual o superior a 50.000 euros o a la que se establezca en la correspondiente legislación autonómica, así como en aquellos casos que disponga la Ley Orgánica 3/1980, de 22 de abril, del Consejo de Estado, será preceptivo solicitar dictamen del:

a) Consejo de Estado.

b) Órgano consultivo de la Comunidad Autónoma.

c) Consejo de Estado o, en su caso, del órgano consultivo de la Comunidad Autónoma

d) Ninguna es correcta.

52. En el caso de reclamaciones en materia de responsabilidad patrimonial del Estado por el funcionamiento anormal de la Administración de Justicia, será preceptivo el informe del Consejo General del Poder Judicial que será evacuado en el plazo máximo de:

a) Un mes.

b) Dos meses.

c) Tres meses.

d) Quince días.

53. Respecto a los actos de instrucción:

a) El órgano instructor adoptará las medidas necesarias para lograr el pleno respeto a los principios de contradicción y de igualdad de los interesados en el procedimiento.

b) Los actos de instrucción que requieran la intervención de los interesados habrán de practicarse en la forma que sea compatible, en la medida de lo posible, con sus obligaciones laborales o profesionales.

c) Las aplicaciones y sistemas de información utilizados para la instrucción de los procedimientos deberán garantizar el control de los tiempos y plazos.

d) Todas son correctas.

54. Cuando así lo autoricen las Leyes, y en la forma y cuantía que estas determinen, las Administraciones Públicas pueden, para la ejecución de determinados actos, imponer multas coercitivas, reiteradas por lapsos de tiempo que sean suficientes para cumplir lo ordenado, en los siguientes supuestos (art. 103 Ley 39):

a) Actos personalísimos en que no proceda la compulsión directa sobre la persona del obligado.

b) Actos en que, procediendo la compulsión, la Administración no la estimara conveniente.

c) Actos cuya ejecución pueda el obligado encargar a otra persona.

d) Todas son correctas.

55. ¿Cuándo se puede adoptar la declaración de lesividad (art. 107 Ley 39)?

a) En cualquier momento.
b) A los seis meses desde que se dictó el acto administrativo.
c) Antes de transcurrir cuatro años desde que se dictó el acto administrativo.
d) Ninguna es correcta.

56. Transcurrido el plazo de seis meses desde la iniciación del procedimiento sin que se hubiera declarado la lesividad, se producirá (art. 107 Ley 39):

a) La prescripción.
b) El desistimiento.
c) La ejecución del acto.
d) La caducidad.

57. Contra las disposiciones administrativas de carácter general:

a) Cabe recurso administrativo.
b) Solo cabe recurso de alzada.
c) No cabrá recurso en vía administrativa.
d) Ninguna es correcta.

58. Contra los actos firmes en vía administrativa, señala el artículo 113 de la Ley 39/2015:

a) No cabe recurso alguno.
b) Solo cabe recurso contencioso-administrativo.
c) Solo procederá el recurso extraordinario de revisión, cuando concurra alguna de las circunstancias previstas en el artículo 125.1. de la Ley 39.
d) Ninguna es correcta.

59. ¿Cómo se clasifican los empleados públicos, según el RDL 5/2015 (EBEP)?

a) Funcionarios de carrera, interinos, personal fijo, temporal y a tiempo parcial.
b) Funcionarios, interinos, estatutarios y Laborales.
c) Funcionarios de carrera, funcionarios interinos, personal laboral y personal eventual.
d) Funcionarios de carrera, interinos y personal Estatutario.

60. No es un derecho individual:

a) A la libertad sindical.
b) A las vacaciones, descansos, permisos y licencias.
c) A la libre asociación profesional.
d) A las prestaciones de la Seguridad Social correspondientes al régimen que les sea de aplicación.

61. Las causas de pérdida de la condición de funcionario de carrera son las siguientes:

a) Renuncia; Pérdida de la nacionalidad; Jubilación total; La sanción disciplinaria firme de separación del servicio; Pena principal o accesoria de inhabilitación absoluta o especial para cargo público.

b) Renuncia; Pérdida de la nacionalidad; Jubilación total; La sanción disciplinaria de separación del servicio; Pena principal o accesoria de inhabilitación absoluta o especial para cargo público.

c) Renuncia; Abandono del puesto de trabajo; Jubilación total; La sanción disciplinaria firme de separación del servicio; Pena principal o accesoria de inhabilitación absoluta o especial para cargo público.

d) Renuncia; Pérdida de la nacionalidad; Jubilación total; La sanción disciplinaria firme de separación del servicio; Pena principal o accesoria de inhabilitación absoluta o especial para cargo público; Ingreso en prisión.

62. El Real Decreto Legislativo 5/2015, de 30 de octubre, por el que se aprueba el texto refundido de la Ley del Estatuto Básico del Empleado Público, establece en su artículo 54 los principios de conducta de los empleados públicos, entre los que se encuentran:

a) Garantizar la constancia y permanencia de los documentos para su transmisión y entrega a sus posteriores responsables.

b) Obedecerán las instrucciones y órdenes profesionales de los superiores siempre y en todo caso.

c) Administrarán los recursos y bienes públicos con austeridad, utilizando los mismos en provecho propio o de personas allegadas.

d) Las opciones a y b son correctas.

63. ¿Qué retribución complementaria está destinada a retribuir las condiciones particulares de algunos puestos de trabajo en atención a su especial dificultad técnica, dedicación, incompatibilidad, responsabilidad, peligrosidad o penosidad?

a) El complemento especial.

b) El complemento específico.

c) El complemento de productividad.

d) El complemento extraordinario.

64. El Real Decreto Legislativo 5/2015, de 30 de octubre, por el que se aprueba el texto refundido de la Ley del Estatuto Básico del Empleado Público, establece en su artículo 52 los deberes de los empleados públicos, entre los que se encuentran:

a) La eficiencia.

b) La parcialidad.

c) La promoción del entorno cultural.

d) Todas son correctas.

65. Quedan exceptuadas del régimen de incompatibilidades de la Ley 53/1984, de 26 de diciembre, de Incompatibilidades del Personal al Servicio de las Administraciones Públicas, según establece el artículo 19:

a) La participación regular en coloquios y programas en cualquier medio de comunicación social.

b) La participación en Tribunales calificadores de pruebas selectivas para el ingreso en las Administraciones Públicas.

c) La dirección de seminarios o el dictado de cursos o conferencias en Centros oficiales destinados a la formación de funcionarios o profesorado, cuando no tengan carácter permanente o habitual ni supongan más de sesenta y cinco horas al año.

d) La producción y creación literaria, artística, científica y técnica, así como las publicaciones derivadas de aquellas, siempre que se originen como consecuencia de una relación de empleo o de prestación de servicios.

66. El artículo 6 de la Ley 53/1984 de incompatibilidades del personal de las Administraciones Públicas, determina que sin perjuicio de lo previsto en cuanto a la dedicación del profesorado universitario en el artículo 4.3, de dicha ley, excepcionalmente podrá autorizarse la compatibilidad para el ejercicio de actividades, entre otras, de:

a) Investigación de carácter permanente.

b) Asesoramiento científico en supuestos concretos, siempre que se correspondan a las funciones del personal adscrito a las respectivas Administraciones Públicas.

c) Asesoramiento técnico en supuestos concretos, que no correspondan a las funciones del personal adscrito a las respectivas Administraciones Públicas.

d) Ninguna es correcta.

67. Según establece el artículo 79 del Real Decreto Legislativo 5/2015, de 30 de octubre, por el que se aprueba el Texto Refundido de la Ley del Estatuto Básico del Empleo Público, la composición de los órganos colegiados de carácter técnico encargados de la valoración de los méritos y capacidades y, en su caso, aptitudes de los candidatos, responderá al principio de:

a) Igualdad, mérito y capacidad.

b) Profesionalidad y especialización de sus miembros.

c) Adecuación entre el contenido de los procesos selectivos y las funciones o tareas a desarrollar.

d) Profesionalidad de sus miembros y transparencia, sin perjuicio de la objetividad.

68. Según dispone el artículo 59 del Real Decreto Legislativo 5/2015, de 30 de octubre, por el que se aprueba el Texto Refundido de la Ley del Estatuto Básico del Empleo Pública, la reserva del mínimo del siete por ciento de las vacantes para personas con discapacidad se realizará de manera que:

a) Al menos, el dos por ciento de las plazas ofertadas lo sea para ser cubiertas por personas que acrediten discapacidad intelectual y el resto de las plazas ofertadas lo sea para personas que acrediten cualquier otro tipo de discapacidad.

b) Al menos, el cuatro por ciento de las plazas ofertadas lo sea para ser cubiertas por personas que acrediten discapacidad intelectual y el resto de las plazas ofertadas lo sea para personas que acrediten cualquier otro tipo de discapacidad.

c) Al menos, el cinco por ciento de las plazas ofertadas lo sea para ser cubiertas por personas que acrediten discapacidad intelectual y el resto de las plazas ofertadas lo sea para personas que acrediten cualquier otro tipo de discapacidad.

d) Al menos, el uno por ciento de las plazas ofertadas lo sea para ser cubiertas por personas que acrediten discapacidad intelectual y el resto de las plazas ofertadas lo sea para personas que acrediten cualquier otro tipo de discapacidad.

69. ¿Cuál de los siguientes impuestos es potestativo, según indica la Ley de Haciendas Locales?

a) IBI.
b) IAE.
c) IVTM.
d) ICIO.

70. Constituye el hecho imponible del impuesto la titularidad de los siguientes derechos sobre los bienes inmuebles rústicos y urbanos y sobre los inmuebles de características especiales:

a) De una concesión administrativa sobre los propios inmuebles o sobre los servicios públicos a que se hallen afectos.
b) De un derecho real de superficie.
c) De un derecho real de usufructo.
d) Todas son correctas.

71. Los bienes inmuebles que se destinen a la enseñanza por centros docentes acogidos, total o parcialmente, al régimen de concierto educativo, en cuanto a la superficie afectada a la enseñanza concertada:

a) Están exentos de IBI.
b) Están exentos, previa solicitud.
c) No están sujetos al IBI.
d) Ninguna es correcta.

72. Un municipio con transporte público colectivo de superficie, que es además capital de provincia, ¿qué tipo de gravamen mínimo o máximo se le podrá aplicar?

a) 0,4 por ciento más un 0,14.
b) 1,10 por ciento en total.
c) 1,10 por ciento más 0,13.
d) 0,4 por ciento más un 0,07 en todo caso.

73. Las viviendas de protección oficial, ¿qué bonificación tienen?

a) Un 90%
b) Un 95%
c) Un 50% durante los cinco periodos impositivos siguientes al del otorgamiento de la calificación definitiva.
d) Ninguna es correcta.

74. La venta de los productos que se reciben en pago de trabajos personales o servicios profesionales, en el IAE:

a) Está exento.
b) No está sujeto.
c) Está sujeto al IAE.
d) Ninguna es correcta.

75. En una empresa con un importe neto de cifra de negocios de 75.000.000 euros ¿qué coeficiente de ponderación se aplicará en el IAE?

a) 1,32.
b) 1,30.
c) 1,33.
d) 1,35.

76. De conformidad con la Ley de Haciendas Locales (LHL), dentro del procedimiento de aprobación de las Ordenanzas Fiscales:

a) Existe un periodo de exposición pública de 30 días, como mínimo, a los efectos de que los interesados puedan examinar el expediente y presentar las reclamaciones oportunas.
b) No existe plazo alguno de exposición pública aunque se exige la publicación del texto íntegro de la Ordenanza definitivamente aprobada en uno de los diarios de mayor difusión de la provincia o de la CA uniprovincial.
c) Existe un periodo de exposición pública de 15 días hábiles a los efectos de que la Administración del Estado y de la CA, presenten reclamaciones.
d) Existe un periodo de exposición pública de un mes, como mínimo, a los efectos de que los interesados puedan examinar el expediente y presentar las reclamaciones oportunas.

77. ¿Cuáles de los siguientes recursos forma parte de las Haciendas Locales?

a) El producto de las multas y sanciones en el ámbito de sus competencias.
b) La participación en los tributos del Estado.
c) Las subvenciones.
d) Todas son correctas.

78. El Impuesto de Bienes Inmuebles:

a) Es un tributo directo de carácter personal que grava la propiedad sobre los bienes inmuebles.
b) Es un tributo directo de carácter real que grava la posesión sobre los bienes inmuebles.
c) Es un tributo indirecto de carácter real que grava el incremento de valor de los bienes inmuebles.
d) Es un tributo directo de carácter real que grava el valor de los bienes inmuebles.

79. El plan de prevención de riesgos laborales:

a) Deberá incluir la estructura organizativa, las responsabilidades, las funciones, las prácticas, los procedimientos, los procesos y los recursos necesarios para realizar la acción de prevención de riesgos en la empresa, en los términos que reglamentariamente se establezcan.
b) Sus instrumentos esenciales para la gestión y aplicación del plan, deberán ser llevados a cabo por fases de forma programada, y son la evaluación de riesgos laborales y la planificación de la actividad preventiva.
c) Ambas son correctas.
d) Ninguna es correcta.

80. ¿En qué casos el empresario debe realizar controles periódicos de las condiciones de trabajo y de la actividad de los trabajadores en la prestación de sus servicios, para detectar situaciones potencialmente peligrosas?

a) En todo caso.
b) Cuando el resultado de la evaluación lo hiciera necesario.
c) Cuando así se establezca reglamentariamente.
d) Ninguna es correcta.

81. Según el artículo 15 de la Ley 31/1995, de 8 de noviembre, de Prevención de Riesgos Laborales, ¿quién aplicará las medidas que integran el deber general de prevención previsto en el artículo 14?

a) El Trabajador.
b) El Delegado de Prevención.
c) El Comité de Seguridad.
d) El empresario.

82. El artículo 4 de la Ley 31/1995, de 8 de noviembre, de Prevención de Riesgos Laborales define como riesgo laboral:

a) Cualquier máquina, aparato, instrumento o instalación utilizada en el trabajo.
b) Aquel que resulte probable racionalmente que se materialice en un futuro inmediato y pueda suponer un daño grave para la salud de los trabajadores.

c) Todas aquellas características del trabajo, incluidas las relativas a su organización y ordenación, que influyan en la magnitud de los riesgos a que esté expuesto el trabajador.

d) La posibilidad de que un trabajador sufra un determinado daño derivado del trabajo.

83. Según la Ley 31/1995, de 8 de noviembre, de Prevención de Riesgos Laborales, ¿con qué periodicidad desarrollará el empresario el seguimiento de la actividad preventiva?

a) Anualmente.
b) Semestralmente.
c) Mensualmente.
d) Permanentemente.

84. Del artículo 20.1 de la Ley 19/2013, de 9 de diciembre, de transparencia, acceso a la información pública y buen gobierno, se desprende que:

a) La resolución en la que se conceda o deniegue una solicitud de acceso a información pública deberá notificarse al solicitante y a los terceros afectados que así lo hayan solicitado en el plazo máximo de un mes desde la recepción de la solicitud por el órgano competente para resolver. Este plazo podrá ampliarse por otro mes en el caso de que el volumen o la complejidad de la información que se solicita así lo hagan necesario y previa notificación al solicitante.

b) La resolución en la que se conceda o deniegue una solicitud de acceso a información pública deberá notificarse al solicitante y a los terceros afectados que así lo hayan solicitado en el plazo máximo de un mes desde la recepción de la solicitud por el órgano competente para resolver. Este plazo no podrá ampliarse en ningún caso.

c) La resolución en la que se conceda o deniegue una solicitud de acceso a información pública deberá notificarse al solicitante y a los terceros afectados que así lo hayan solicitado en el plazo máximo de tres meses desde la recepción de la solicitud por el órgano competente para resolver.

d) La resolución en la que se conceda o deniegue una solicitud de acceso a información pública deberá notificarse al solicitante y a los terceros afectados que así lo hayan solicitado en el plazo máximo de quince días desde la recepción de la solicitud por el órgano competente para resolver.

85. Señala la opción correcta. El artículo 24.1 de la Ley 19/2013, de 9 de diciembre, de transparencia, acceso a la información pública y buen gobierno dispone lo siguiente:

a) Frente a toda resolución expresa o presunta en materia de acceso se interpondrá con carácter previo y preceptivo una reclamación ante el Consejo de Transparencia y Buen Gobierno.

b) Frente a toda resolución expresa o presunta en materia de acceso podrá interponerse una reclamación ante el Consejo de Transparencia y Buen Gobierno, con carácter potestativo y previo a su impugnación en vía contencioso-administrativa.

c) Frente a toda resolución expresa o presunta en materia de acceso se interpondrá recurso de alzada ante el Consejo de Transparencia y Buen Gobierno, con carácter potestativo y previo a su impugnación en vía contencioso-administrativa.

d) Solo frente a una resolución presunta en materia de acceso podrá interponerse una reclamación ante el Consejo de Transparencia y Buen Gobierno, con carácter potestativo y previo a su impugnación en vía contencioso-administrativa.

86. De acuerdo con el artículo 18 de la Ley 19/2013, de 9 de diciembre d, de transparencia, acceso a la información pública y buen gobierno, se inadmitirán las solicitudes de acceso a la información:

a) Relativas a información para cuya divulgación sea necesaria una acción previa de reelaboración.

b) Los acuerdos plenarios de un expediente finalizado y notificado a los interesados.

c) Las actuaciones de un expediente administrativo terminado.

d) Las actuaciones de los expedientes administrativos de carácter urbanístico si se ha interpuesto contra la resolución del mismo un recurso contencioso administrativo.

87. Conforme al artículo 24 de la Ley 19/2013 de 9 de diciembre, de transparencia, acceso a la información pública y buen gobierno, frente a toda resolución expresa o presunta en materia de acceso a la información pública podrá interponerse una reclamación ante:

a) El Consejo de Transparencia y buen Gobierno, con carácter potestativo y previo a su impugnación en vía contencioso-administrativa.

b) La Jurisdicción contencioso-administrativa, con carácter potestativo y previo a su impugnación ante el Consejo de Transparencia y Buen Gobierno.

c) El Consejo de Transparencia y buen Gobierno, con carácter obligatorio y previo a su impugnación en vía contencioso-administrativa.

d) El órgano que dictó la resolución, con carácter potestativo y previo a su impugnación ante el Consejo de Transparencia y Buen Gobierno.

88. Conforme al artículo 13 de la Ley 19/2013 de 9 de diciembre, de Transparencia, acceso a la información pública y buen gobierno, los contenidos o documentos, cualquiera que sea su formato o soporte, que obren en poder de alguno de los sujetos incluidos en el ámbito de aplicación del Título I de la Ley de Transparencia, acceso a la información pública y buen gobierno que hayan sido elaborados o adquiridos en el ejercicio de sus funciones, se entiende por:

a) Información pública.

b) Documentos públicos.

c) Documentos administrativos.

d) Todas son correctas.

89. Según lo dispuesto en la Ley 19/2013, de 9 de diciembre, de transparencia, acceso a la información pública y Buen Gobierno ¿a qué principios técnicos deberá ajustarse el Portal de Transparencia de la Administración General del Estado?

a) Accesibilidad, operabilidad y utilización.
b) Accesibilidad, integración y gobierno abierto.
c) Accesibilidad, gobierno abierto y limitación de uso.
d) Ninguna es correcta.

90. El artículo 14 de la Ley 19/2013, de transparencia, acceso a la información pública y buen gobierno limita el acceso a la información cuando suponga un perjuicio para:

a) El secreto profesional y la propiedad intelectual e industrial.
b) Las funciones administrativas de vigilancia, inspección y control.
c) La protección del medio ambiente.
d) Todas son correctas.

91. Se denomina publicidad activa:

a) A la información a la que tiene derecho a acceder un interesado en un procedimiento conforme a lo dispuesto en la Ley 40/2015.
b) A la información pública que deben difundir las administraciones públicas, entre otras
entidades, de forma periódica, veraz, objetiva, accesible, comprensible y actualizada, cuyo conocimiento garantice la transparencia de su actividad relacionada con el funcionamiento y el control de la actuación pública por parte de la sociedad.
c) A la publicidad a la que tiene derecho a acceder un interesado en un procedimiento conforme al artículo 53 de la Ley 39/2015.
d) Toda información que da una administración pública en cumplimiento de la legislación de transparencia tiene la naturaleza de publicidad activa.

92. ¿A quién le corresponde formular las políticas públicas en relación con la violencia de género a desarrollar por el Gobierno?

a) Al Observatorio Estatal de Violencia sobre la Mujer.
b) A la Secretaría de Estado de Igualdad.
c) Al Instituto de las Mujeres.
d) A la Delegación del Gobierno contra la Violencia de Género.

93. Las políticas de empleo tendrán como uno de sus objetivos prioritarios:

a) Aumentar la participación de las mujeres en el mercado de trabajo y avanzar en la igualdad efectiva entre mujeres y hombres.
b) La empleabilidad y la permanencia en el empleo de las mujeres.

c) El nivel formativo y su adaptabilidad a los requerimientos del mercado de trabajo.

d) Todas son correctas.

94. Según indica la Ley Orgánica 1/2004, ¿a quién le corresponde asegurar una formación específica relativa a la igualdad y no discriminación por razón de sexo y sobre violencia de género en los cursos de formación de Jueces y Magistrados, Fiscales, Secretarios Judiciales, Fuerzas y Cuerpos de Seguridad y Médicos Forenses?

a) Al Gobierno.

b) Al Consejo General del Poder Judicial.

c) A las comunidades autónomas.

d) Todas son correctas.

95. Indica la opción correcta:

a) En cada partido habrá un Juzgado de Violencia sobre la Mujer, con sede en la capital de aquel y jurisdicción en todo su ámbito territorial. Tomará su designación del municipio de su sede.

b) En cada partido habrá uno o más Juzgados de Violencia sobre la Mujer, con sede en la capital de aquel y jurisdicción en todo su ámbito territorial. Tomarán su designación de la provincia de su sede.

c) En cada partido habrá uno o más Juzgados de Violencia sobre la Mujer, con sede en la capital de aquel y jurisdicción en todo su ámbito autonómico. Tomarán su designación del municipio de su sede.

d) En cada partido habrá uno o más Juzgados de Violencia sobre la Mujer, con sede en la capital de aquel y jurisdicción en todo su ámbito territorial. Tomarán su designación del municipio de su sede.

96. Las Administraciones públicas, en el ámbito de sus respectivas competencias y en aplicación del principio de igualdad entre mujeres y hombres, deberán:

a) Fomentar la formación en igualdad, tanto en el acceso al empleo público como a lo largo de la carrera profesional.

b) Promover la presencia equilibrada de mujeres y hombres en los órganos de selección y valoración.

c) Establecer medidas efectivas de protección frente al acoso sexual y al acoso por razón de sexo.

d) Todas son correctas.

97. La aprobación de convocatorias de pruebas selectivas para el acceso al empleo público:

a) Deberá acompañarse de un informe de impacto de género, salvo lo establecido reglamentariamente.

b) Deberá acompañarse de un informe de impacto de género, en todo caso.

c) Podrá acompañarse de un informe de impacto de género, salvo en casos de urgencia y siempre sin perjuicio de la prohibición de discriminación por razón de sexo.

d) Deberá acompañarse de un informe de impacto de género, salvo en casos de urgencia y siempre sin perjuicio de la prohibición de discriminación por razón de sexo.

98. La igualdad de trato en el acceso a bienes y servicios y su suministro se encuentra regulada en la Ley Orgánica 3/2007, de 22 de marzo, para la igualdad efectiva de mujeres y hombres:

a) Título VII.
b) Título IV.
c) Título VI.
d) Título V.

99. La legitimación para ejercer la acción de cesación cuando considere que pueda haberse incurrido en supuestos de publicidad engañosa por las empresas al hacer uso publicitario de sus acciones de responsabilidad en materia de igualdad corresponde a:

a) A la Comisión Interministerial de Igualdad entre mujeres y hombres u órgano equivalente de las Comunidades Autónomas.
b) A la Unidad de Igualdad del Ministerio de Igualdad y Asuntos Sociales.
c) Al Consejo de Participación de la Mujer.
d) Al Instituto de la Mujer u órgano equivalente de las Comunidades Autónomas.

100. Las obligaciones establecidas en Ley Orgánica 3/2007, de 22 de marzo, para la igualdad efectiva de mujeres y hombres serán de aplicación:

a) A toda persona física o jurídica de nacionalidad española, que se encuentre o actúe en territorio español.
b) A toda persona, física o jurídica, que se encuentre o actúe en territorio español, cualquiera que fuese su nacionalidad, domicilio o residencia.
c) A toda persona, física o jurídica, que actúe, en todo caso, en territorio español, cualquiera que fuese su nacionalidad, domicilio o residencia.
d) Ninguna es correcta.

Solución simulacro n.º 5

1. d) Son correctas b) y c).

2. a) Derecho a la asistencia de abogado.

3. c) El estado de excepción no podrá exceder, con sus prórrogas, de 60 días.

4. c) Los Tribunales de Excepción.

5. b) El Defensor del Pueblo.

6. c) En los casos de genocidio, un ciudadano español podrá ser privado de su nacionalidad.

7. b) Se prohíben las asociaciones secretas y las de carácter paramilitar.

8. b) Quedarán excluidas en la sucesión a la Corona por sí y sus descendientes.

9. d) No podrán asumir funciones constitucionales, salvo lo dispuesto para la Regencia.

10. b) La Sala de lo Penal del Tribunal Supremo.

11. c) Para la denuncia de un tratado internacional de carácter militar se requerirá siempre la previa autorización de las Cortes Generales.

12. d) A la ley.

13. b) Doce.

14. c) Ministerio Fiscal.

15. c) 48 horas después de la anterior, y la confianza se entenderá otorgada si obtuviere la mayoría simple.

16. c) El Congreso de los Diputados.

17. c) Sí, cuando circunstancias tales como la población del territorio, el volumen de gestión o sus singularidades geográficas, sociales o económicas así lo justifiquen.

18. d) Al Ministerio de Hacienda.

19. d) Todas son correctas.

20. a) El Rey.

21. d) Todas son correctas.

22. c) Las Cortes Generales.

23. d) Todas son correctas.

24. c) Provincia.

25. b) Las Cortes Generales.

26. b) Sus datos constituyen prueba de la residencia en el municipio y del domicilio habitual en el mismo.

27. c) Aprobar la alteración de la calificación jurídica de los bienes de dominio.

28. c) La aceptación de la delegación de competencias hecha por otras Administraciones Públicas.

29. b) En todos los municipios con población superior a 5.000 habitantes y en los de menos, cuando así lo disponga su reglamento orgánico o así lo acuerde el Pleno de su ayuntamiento.

30. d) 9.

31. a) Es ilegal.

32. c) Diez años desde la adopción del convenio de fusión.

33. c) Se crea el Consejo de Empadronamiento como órgano colegiado de colaboración entre la Administración General del Estado y los Entes Locales en material padronal.

34. a) Toda persona que viva en España está obligada a inscribirse en el Padrón del Municipio en el que resida habitualmente. Quien viva en varios municipios podrá elegir, según su criterio, en cuál de ellos inscribirse.

35. a) Proponer la aprobación de las instrucciones técnicas precisas para la gestión de los padrones municipales.

36. a) Menos de 1.000 habitantes.

37. d) De menos de 5.000 habitantes.

38. b) En aquellos municipios de menos de 20.000 habitantes, cuando estos no procedan a su prestación.

39. c) Las personas físicas con capacidad de obrar y las personas jurídicas, siempre que ello esté previsto en sus Estatutos.

40. a) Se puede subsanar en diez días.

41. b) Los menores de edad para el ejercicio y defensa de aquellos de sus derechos e intereses cuya actuación no esté permitida por el ordenamiento jurídico sin la asistencia de la persona que ejerza la patria potestad, tutela o curatela.

42. d) Ninguna es correcta.

43. a) Los actos administrativos se producirán por escrito a través de medios electrónicos, a menos que su naturaleza exija otra forma más adecuada de expresión y constancia.

44. b) La fecha en que se dicten, salvo que en ellos se disponga otra cosa.

45. c) Dentro del plazo de 10 días a partir de la fecha en que el acto haya sido dictado.

46. b) El texto íntegro de la resolución, con indicación de si pone fin o no a la vía administrativa, la expresión de los recursos que procedan, en su caso, en vía administrativa y judicial, el órgano ante el que hubieran de presentarse y el plazo para interponerlos.

47. c) No es necesario un previo acto administrativo.

48. d) Debe haber una previsión legal expresa al efecto.

49. a) Comporten una obligación no personalísima de hacer.

50. c) Pueden señalarse expresamente por otro tipo de normas.

51. c) Consejo de Estado o, en su caso, del órgano consultivo de la Comunidad Autónoma.

52. b) Dos meses.

53. d) Todas son correctas.

54. d) Todas son correctas.

55. c) Antes de transcurrir cuatro años desde que se dictó el acto administrativo.

56. d) La caducidad.

57. c) No cabrá recurso en vía administrativa.

58. c) Solo procederá el recurso extraordinario de revisión, cuando concurra alguna de las circunstancias previstas en el artículo 125.1. de la Ley 39.

59. c) Funcionarios de carrera, funcionarios interinos, personal laboral y personal eventual.

60. a) A la libertad sindical.

61. a) Renuncia; Pérdida de la nacionalidad; Jubilación total; La sanción disciplinaria firme de separación del servicio; Pena principal o accesoria de inhabilitación absoluta o especial para cargo público.

62. a) Garantizar la constancia y permanencia de los documentos para su transmisión y entrega a sus posteriores responsables.

63. b) El complemento específico.

64. c) La promoción del entorno cultural.

65. b) La participación en Tribunales calificadores de pruebas selectivas para el ingreso en las Administraciones Públicas.

66. c) Asesoramiento técnico en supuestos concretos, que no correspondan a las funciones del personal adscrito a las respectivas Administraciones Públicas.

67. b) Profesionalidad y especialización de sus miembros.

68. a) Al menos, el dos por ciento de las plazas ofertadas lo sea para ser cubiertas por personas que acrediten discapacidad intelectual y el resto de las plazas ofertadas lo sea para personas que acrediten cualquier otro tipo de discapacidad.

69. d) ICIO.

70. d) Todas son correctas.

71. b) Están exentos, previa solicitud.

72. a) 0,4 por ciento más un 0,14.

73. d) Ninguna es correcta.

74. b) No está sujeto.

75. c) 1,33.

76. a) Existe un periodo de exposición pública de 30 días, como mínimo, a los efectos de que los interesados puedan examinar el expediente y presentar las reclamaciones oportunas.

77. d) Todas son correctas.

78. d) Es un tributo directo de carácter real que grava el valor de los bienes inmuebles.

79. a) Deberá incluir la estructura organizativa, las responsabilidades, las funciones, las prácticas, los procedimientos, los procesos y los recursos necesarios para realizar la acción de prevención de riesgos en la empresa, en los términos que reglamentariamente se establezcan.

80. b) Cuando el resultado de la evaluación lo hiciera necesario.

81. d) El empresario.

82. d) La posibilidad de que un trabajador sufra un determinado daño derivado del trabajo.

83. d) Permanentemente.

84. a) La resolución en la que se conceda o deniegue una solicitud de acceso a información pública deberá notificarse al solicitante y a los terceros afectados que así lo hayan solicitado en el plazo máximo de un mes desde la recepción de la solicitud por el órgano competente para resolver. Este plazo podrá ampliarse por otro mes en el caso de que el volumen o la complejidad de la información que se solicita así lo hagan necesario y previa notificación al solicitante.

85. b) Frente a toda resolución expresa o presunta en materia de acceso podrá interponerse una reclamación ante el Consejo de Transparencia y Buen Gobierno, con carácter potestativo y previo a su impugnación en vía contencioso-administrativa.

86. a) Relativas a información para cuya divulgación sea necesaria una acción previa de reelaboración.

87. a) El Consejo de Transparencia y buen Gobierno, con carácter potestativo y previo a su impugnación en vía contencioso-administrativa.

88. a) Información pública.

89. d) Ninguna es correcta.

90. d) Todas son correctas.

91. b) A la información pública que deben difundir las administraciones públicas, entre otras entidades, de forma periódica, veraz, objetiva, accesible, comprensible y actualizada, cuyo conocimiento garantice la transparencia de su actividad relacionada con el funcionamiento y el control de la actuación pública por parte de la sociedad.

92. d) A la Delegación del Gobierno contra la Violencia de Género.

93. a) Aumentar la participación de las mujeres en el mercado de trabajo y avanzar en la igualdad efectiva entre mujeres y hombres.

94. d) Todas son correctas.

95. d) En cada partido habrá uno o más Juzgados de Violencia sobre la Mujer, con sede en la capital de aquel y jurisdicción en todo su ámbito territorial. Tomarán su designación del municipio de su sede.

96. d) Todas son correctas.

97. d) Deberá acompañarse de un informe de impacto de género, salvo en casos de urgencia y siempre sin perjuicio de la prohibición de discriminación por razón de sexo.

98. c) Título VI.

99. d) Al Instituto de la Mujer u órgano equivalente de las Comunidades Autónomas.

100. b) A toda persona, física o jurídica, que se encuentre o actúe en territorio español, cualquiera que fuese su nacionalidad, domicilio o residencia.

1. Conforme al artículo 18.2. de la Constitución Española:

a) Ninguna entrada o registro podrá hacerse en el domicilio sin consentimiento del titular o resolución judicial, ni aun en caso de flagrante delito.

b) Ninguna entrada o registro podrá hacerse en el domicilio sin consentimiento del titular o resolución judicial, salvo en caso de flagrante delito.

c) Ninguna entrada o registro podrá hacerse en el domicilio sin consentimiento del titular en caso de flagrante delito.

d) Ninguna entrada o registro podrá hacerse en el domicilio sin resolución judicial, aun contando con el consentimiento de su titular.

2. La libertad de empresa:

a) No es reconocida expresamente en la CE.

b) Se reconoce en el marco de la planificación económica estatal, de acuerdo con la CE.

c) Se reconoce en la CE, en el marco de la economía de mercado.

d) Ninguna es cierta.

3. Según la Constitución Española, un hipotético caso de suspensión de todos los derechos fundamentales se regularía:

a) Siempre en el marco de una Ley Orgánica, de forma individual y con la necesaria intervención judicial.

b) Mediante una Ley Orgánica o Ley Ordinaria de forma individual y con la necesaria intervención judicial.

c) En caso de declaración del estado de excepción o de sitio se podrán suspender temporalmente todos los derechos fundamentales de forma colectiva, a petición del Gobierno.

d) En ningún caso, se pueden suspender todos los derechos fundamentales.

4. Señala la opción incorrecta, basándote en la Constitución Española:

a) Podrá establecerse un servicio civil para el cumplimiento de fines de interés general.

b) Mediante Reglamento podrán regularse los deberes de los ciudadanos en los casos de catástrofe o calamidad pública.

c) El gasto público realizará una asignación equitativa de los recursos públicos.

d) Todos los españoles tienen el deber de trabajar.

5. ¿Qué disposición de carácter general regula la institución del Defensor del Pueblo, en la Constitución Española?

a) Un decreto-ley.
b) Un decreto legislativo.
c) Una ley orgánica.
d) Ninguna de las anteriores es correcta.

6. El Presidente del Tribunal Supremo será nombrado por:

a) El Presidente del Gobierno a propuesta de las Cortes Generales.
b) El Rey, a propuesto del Parlamento.
c) El Rey, a propuesta del consejo General del Poder Judicial.
d) El Presidente del Consejo del Poder Judicial a propuesta de sus vocales.

7. El Presidente del Tribunal Constitucional será nombrado:

a) Por el Presidente del Tribunal Supremo por un período de tres años.
b) Por el Presidente del Tribunal Supremo, entre sus miembros, y por un período de cinco años.
c) Entre sus miembros por el Rey, a propuesta del mismo tribunal en pleno y por un período de tres años.
d) Por las Cortes Generales.

8. Carecerán de validez los Actos del Rey que no sean refrendados:

a) Cuando se refieran al nombramiento de la Casa del Rey.
b) Salvo lo dispuesto en el art. 64.1 de la Constitución Española.
c) Salvo lo dispuesto en el art. 65.2 de la Constitución Española.
d) Ninguna es correcta.

9. Si no hubiese ninguna persona a quien corresponda la regencia, esta se nombrará por las Cortes Generales y se compondrá de:

a) Un mínimo de una persona y un máximo de 3 personas.
b) Una única persona.
c) El número de personas que consideren las Cortes Generales.
d) Una, tres o cinco personas.

10. ¿Quién está legitimado para interponer el recurso de inconstitucionalidad ante el Tribunal Constitucional, de acuerdo con el artículo 162 de la Constitución Española?

a) El Presidente del Gobierno, el Defensor del Pueblo, cincuenta diputados, cincuenta senadores, los órganos colegiados ejecutivos de las Comunidades Autónomas y de las Corporaciones Locales.

b) El Presidente del Gobierno, el Defensor del Pueblo, cincuenta diputados, treinta senadores, los órganos colegiados ejecutivos de las Comunidades Autónomas y, en su caso, las Asambleas de las mismas.

c) El Presidente del Gobierno, el Defensor del Pueblo, cincuenta diputados, cincuenta senadores, los órganos colegiados ejecutivos de las Comunidades Autónomas y, en su caso, las Asambleas de las mismas.

d) Ninguna es correcta.

11. En relación con el Tribunal Constitucional el Título IX de la Constitución Española establece:

a) Se compone de 20 miembros nombrados por el Rey.

b) El Presidente del Tribunal Constitucional será nombrado entre sus miembros por el Rey, a propuesta del mismo Tribunal en pleno y formará parte del Consejo General del Poder Judicial.

c) El Tribunal Constitucional tiene jurisdicción en todo el territorio español y es competente para conocer del recurso de inconstitucionalidad contra leyes y reglamentos, estando legitimados para interponerlo el Presidente del Gobierno, el Defensor del Pueblo, 50 Diputados, 50 Senadores, los órganos colegiados ejecutivos de las Comunidades Autónomas y, en su caso, las Asambleas de las mismas.

d) El Tribunal Constitucional tiene jurisdicción en todo el territorio español y es competente para conocer del recurso de amparo por violación de los derechos y libertades referidos en el artículo 53.2, estando legitimados para interponerlo toda persona natural o jurídica que invoque un interés legítimo, así como el Defensor del Pueblo y el Ministerio Fiscal.

12. La Ley Orgánica 6/1985, de 1 de julio, del Poder Judicial establece:

a) El Tribunal Supremo, con sede en la villa de Madrid, es el órgano jurisdiccional superior en todos los órdenes, incluyendo lo dispuesto en materia de garantías Constitucionales. Tendrá jurisdicción en toda España y ningún otro podrá tener el título de Supremo.

b) El Tribunal Superior de Justicia tomará el nombre de la Comunidad Autónoma y extenderá su jurisdicción al ámbito territorial de esta y estará integrado por las siguientes Salas: de lo Civil y Penal, de lo Contencioso-Administrativo, de lo Social y de lo Militar.

c) Las Audiencias Provinciales, con sede en la capital de la provincia de la que tomarán su nombre, extenderán su jurisdicción a toda ella y se dividirán en las siguientes Salas: de lo Civil, de lo Penal, y de lo Contencioso-Administrativo.

d) En cada provincia, con jurisdicción en toda ella y sede en su capital, habrá uno o más Juzgados de lo Contencioso-Administrativo, que conocerán, en primera o única instancia, de los recursos contencioso-administrativos contra actos que expresamente les atribuya la Ley.

13. El ejercicio de las libertades y derechos reconocidos en la Sección 1ª del Capítulo 2º de la Constitución se tutelará, en su caso, a través del:

a) Recurso de inconstitucionalidad ante el Consejo General del Poder Judicial.

b) Recurso de amparo ante el Tribunal Constitucional.

c) Recurso contencioso-administrativo ante el Ministerio Fiscal.

d) Ninguna es correcta.

14. Según establece el artículo 54 de la Constitución Española de 1978:

a) Una ley orgánica regulará la institución del Defensor del Pueblo.

b) El Defensor del Pueblo podrá supervisar la actividad de la Administración, dando cuenta a las Cortes Generales.

c) Será designado por las Cortes Generales para la defensa de los derechos comprendidos en el Título II.

d) Las respuestas a) y b) son correctas.

15. De acuerdo con el artículo 160, de la Constitución Española de 1978:

a) El Presidente del Tribunal Constitucional será nombrado entre sus miembros por el Rey, a propuesta del Presidente del Gobierno y por un periodo de 3 años.

b) El Presidente del Tribunal Constitucional será nombrado entre sus miembros por el Rey, a propuesta del mismo Tribunal en pleno y por un periodo de 5 años.

c) El Presidente del Tribunal Constitucional será nombrado entre sus miembros por el Rey, a propuesta del Presidente del Gobierno y por un periodo de 5 años.

d) El Presidente del Tribunal Constitucional será nombrado entre sus miembros por el Rey, a propuesta del mismo Tribunal en pleno y por un periodo de 3 años.

16. Según establece el artículo 71 de la Constitución Española de 1978, Señala la respuesta correcta:

a) En las causas contra Diputados y Senadores será competente la Audiencia Nacional.

b) Durante el periodo de su mandato los Diputados y Senadores gozarán de inmunidad y nunca podrán ser detenidos.

c) En las causas contra Diputados y Senadores será competente la Sala de lo Penal del Tribunal Supremo.

d) Los Diputados y Senadores percibirán una asignación que será fijada por el Congreso.

17. ¿Cómo ejerce sus funciones el Ministerio Fiscal?

a) Por medios de órganos propios conforme a los principios de unidad de actuación y dependencia jerárquica y con sujeción, en todo caso, a los de legalidad e imparcialidad.

b) Por medios de órganos propios conforme a los principios de legalidad e imparcialidad y dependencia jerárquica y con sujeción, en todo caso, al principio de unidad de actuación.

c) Por medios de órganos dependientes del Consejo General del Poder Judicial y conforme a la legalidad, imparcialidad y unidad de actuación.

d) Ninguna es correcta.

18. Los Jueces y Magistrados, así como los Fiscales, mientras se hallen en activo:

a) Pueden desempeñar otros cargos públicos pero no pertenecer a partidos políticos ni sindicatos.

b) Pueden desempeñar otros cargos públicos y pertenecer a partidos políticos pero no a sindicatos.

c) No podrán desempeñar otros cargos públicos ni pertenecer a partidos políticos o sindicatos.

d) Ninguna es correcta.

19. De conformidad con la Ley 50/1997 de 27 de noviembre del Gobierno, la creación, modificación y supresión de las Comisiones Delegadas del Gobierno será acordada por:

a) El Consejo de Ministros mediante Real Decreto, a propuesta del Presidente del Gobierno.

b) El Consejo de Ministros mediante Real Decreto, a petición del Presidente del Gobierno.

c) El Presidente del Gobierno mediante Real Decreto, a propuesta del Consejo de Ministros.

d) El Presidente del Gobierno mediante Real Decreto, a petición del Consejo de Ministros.

20. De acuerdo con lo establecido en el artículo 97 de la Constitución Española, el Gobierno:

a) Dirige la política interior y exterior, la Administración civil y militar y la defensa del Estado. Ejerce la función ejecutiva y la potestad reglamentaria de acuerdo con la Constitución y las leyes.

b) Dirige la política interior y exterior, la Administración civil y militar y la defensa del Estado. Ejerce la función ejecutiva y la potestad legislativa de acuerdo con la Constitución y las leyes.

c) Dirige la política interior y exterior, la Administración civil y militar y la defensa del Estado. Ejerce la función jurisdiccional y la potestad reglamentaria de acuerdo con la Constitución y las leyes.

d) Ninguna es correcta.

21. ¿Cómo son nombrados y separados los Secretarios Generales?

a) A través de las relaciones de puestos de trabajo.

b) Por Orden del Ministro respectivo.

c) Por Decreto del Presidente del Gobierno.

d) Por Real Decreto del Consejo de Ministros, a propuesta del titular del Ministerio o del Presidente del Gobierno.

22. De acuerdo con el artículo 58 de la Ley 40/2015, los Ministerios contarán, en todo caso, con:

a) Secretarías de Estado.

b) Subsecretaría.

c) Secretarías Generales.
d) Todas son correctas.

23. De acuerdo con el artículo 152 de la Constitución Española de 1978, la organización institucional en los Estatutos de Autonomía aprobados por el procedimiento del artículo 151 se basa en:

a) Una Asamblea Legislativa, un Consejo de Gobierno y un Presidente.
b) Una Asamblea, un Consejo Legislativo y un Presidente.
c) Una Asamblea Local, un Consejo de Gobierno y un Presidente.
d) Una Asamblea Autonómica, un Consejo Legislativo y un Presidente.

24. Según lo establecido en la Ley 7/1985, de 2 de abril, Reguladora de las Bases del Régimen Local, la coordinación de la prestación del servicio de recogida y tratamiento de residuos es competencia de la Diputación provincial o entidad equivalente en municipios con:

a) Población inferior a 50.000 habitantes.
b) Población inferior a 5.000 habitantes.
c) Población superior a 20.000 habitantes.
d) Población inferior a 20.000 habitantes.

25. Si el Estado se reserva de forma exclusiva la competencia legislativa sobre una materia:

a) La Asamblea Legislativa de la Comunidad podrá legislar.
b) La Asamblea Legislativa de la Comunidad no podrá legislar.
c) Si dicha competencia se la reserva la Comunidad Autónoma, la legislación estatal no será supletoria.
d) Ninguna es correcta.

26. Señala la afirmación correcta, de acuerdo con lo dispuesto en la Ley 7/1985:

a) El municipio, para la gestión de sus intereses y en el ámbito de sus competencias, puede promover toda clase de actividades y prestar los servicios públicos que considere apropiados para satisfacer las necesidades y aspiraciones de la comunidad vecinal, sin limitación alguna.
b) El municipio, para la gestión de sus intereses y en el ámbito de sus competencias, puede promover actividades y prestar los servicios públicos que contribuyan a satisfacer las necesidades y aspiraciones de la comunidad vecinal en los términos previstos en el artículo 25 de la Ley 7/1985.
c) El municipio ejercerá en todo caso como competencias propias, en los términos de la legislación del Estado y de las Comunidades Autónomas, entre otras, en las siguientes materias: educación, sanidad y salubridad pública.
d) Son correctas b) y c).

27. Son derechos y deberes de los vecinos (Señala la incorrecta):

a) Utilizar, de acuerdo con su naturaleza, los servicios públicos municipales, y acceder a los aprovechamientos comunales, conforme a las normas aplicables.

b) Ser informado, previa petición razonada, y dirigir solicitudes a la Administración municipal en relación a todos los expedientes y documentación municipal, de acuerdo con lo previsto en el artículo 115 de la Constitución.

c) Contribuir mediante las prestaciones económicas y personales legalmente previstas a la realización de las competencias municipales.

d) Todas son correctas.

28. La creación o supresión de Municipios, así como la alteración de términos municipales:

a) Se regularán por la legislación de las Comunidades Autónomas sobre régimen local.

b) Se regularán por la legislación estatal básica sobre régimen local.

c) Se regularán por la legislación estatal básica sobre régimen local, y supletoriamente por la legislación de las Comunidades Autónomas.

d) Ninguna es correcta.

29. Si un Ayuntamiento por insuficiente capacidad económica no puede mantener los datos del Padrón de forma automatizada, ¿quién lo asumirá?

a) Las Diputaciones Provinciales, Cabildos y Consejos Insulares.

b) Las Asambleas de las Comunidades Autónomas.

c) El Estado a través del Consejo de Empadronamiento.

d) El Ministerio competente.

30. La LOREG (Ley Orgánica del Régimen Electoral General) con respecto a la elección del Alcalde, en su artículo 196, dispone:

a) No pueden ser candidatos todos los Concejales que encabecen las listas más votadas.

b) Si alguno de ellos obtiene la mayoría simple de los votos de los Concejales es proclamado electo.

c) Si ninguno de ellos obtiene dicha mayoría es proclamado Alcalde, el Concejal que encabece la lista que haya obtenido mayor número de votos populares en el correspondiente municipio. En caso de empate se resolverá por sorteo.

d) Ninguna es correcta.

31. Entre las competencias que cita el artículo 21 de la Ley 7/1985, como competencias propias de la Alcaldía se encuentran:

a) La iniciativa para proponer al Pleno la declaración de lesividad en materias de la competencia de la Alcaldía.

b) El control y la fiscalización de los órganos de gobierno.

c) Alteración de la calificación jurídica de los bienes de dominio público.

d) La aprobación de las formas de gestión de los servicios y de los expedientes de municipalización.

32. ¿Quién puede establecer medidas que tiendan a fomentar la fusión de municipios con el fin de mejorar la capacidad de gestión de los asuntos públicos locales?

a) Las Comunidades Autónomas.
b) Los Ayuntamientos.
c) Las Comunidades Autónomas a propuesta del Estado.
d) El Estado.

33. De acuerdo con la LOREG, cada término municipal constituye una circunscripción en la que se elige el número de concejales. ¿Cuántos concejales elegirá un municipio de 5001 a 10000 residentes?

a) 13.
b) 17.
c) 11.
d) 9.

34. El órgano competente para la concesión de licencias en municipios no comprendidos en el Título X de la Ley 7/1985 es:

a) El que determine la normativa de régimen local y el Reglamento Orgánico.
b) El Alcalde, salvo que las leyes sectoriales lo atribuyan al Pleno o a la Junta de Gobierno Local.
c) El Alcalde o la Junta de Gobierno Local por delegación.
d) El mismo órgano competente para los municipios de gran población.

35. Los cambios de denominación de los municipios solo tendrán carácter oficial cuando, tras haber sido anotados en un registro creado por la Administración del Estado para la inscripción de todas las Entidades a que se refiere la Ley 7/1985:

a) Se publiquen en el BOE.
b) Se publiquen en el BOP.
c) Se publiquen en ambos.
d) Se autorice por el municipio correspondiente.

36. No es competencia propia de la Diputación Provincial, de acuerdo con el artículo 36 de la Ley 7/1985:

a) La prestación de los servicios de administración electrónica y la contratación centralizada en los municipios con población inferior a 20.000 habitantes.
b) La coordinación mediante convenio, con la Comunidad Autónoma respectiva, de la prestación del servicio de mantenimiento de los consultorios médicos en los municipios con población inferior a 20.000 habitantes.

c) Asistencia en la prestación de los servicios de gestión de la recaudación tributaria, en periodo voluntario y ejecutivo.

d) Ninguna es correcta.

37. Para que la Diputación preste servicios de apoyo a la gestión financiera de los municipios, estos deben tener una población inferior a:

a) 1.000 habitantes.
b) 5.000 habitantes.
c) 10.000 habitantes.
d) 20.000 habitantes.

38. La coordinación mediante convenio con la Comunidad Autónoma respectiva, de la prestación del servicio de mantenimiento y limpieza de los consultorios médicos, ¿es competencia de la Diputación o entidad equivalente?

a) No, en ningún caso.
b) Sí, siempre y cuando el municipio tenga una población inferior a 5.000 habitantes.
c) Sí, salvo en los municipios de gran población.
d) Sí, en todos los municipios sin excepción.

39. No se consideran interesados en el procedimiento administrativo:

a) Quienes lo promuevan como titulares de derechos o intereses legítimos individuales.

b) Los que, sin haber iniciado el procedimiento, tengan derechos que puedan resultar afectados por la decisión que en el mismo se adopte.

c) Aquellos cuyos intereses legítimos, individuales o colectivos, puedan resultar afectados por la resolución siempre que se personen en el procedimiento durante el trámite de audiencia.

d) Ninguna es correcta.

40. Cuando en una solicitud, escrito o comunicación figuren varios interesados, las actuaciones a que den lugar se efectuarán:

a) Con el representante o el interesado que expresamente hayan señalado y en su defecto con el que figure en primer término.

b) Con el que figure en primer término, y, en su defecto, con el representante o el interesado que expresamente hayan señalado.

c) Con el representante o el interesado que expresamente hayan señalado, y, en su defecto, con todos ellos.

d) Ninguna es correcta.

41. De acuerdo con el artículo 11 de la Ley 39/2015, las Administraciones Públicas solo requerirán a los interesados el uso obligatorio de firma para:

a) Formular solicitudes.
b) Desistir de acciones.

c) Presentar declaraciones responsables o comunicaciones.
d) Todas son correctas.

42. Se entenderá acreditada la representación realizada mediante:

a) Apoderamiento apud acta efectuado por comparecencia electrónica en la correspondiente sede electrónica, y a través de la acreditación de su inscripción en el registro electrónico de apoderamientos de la Administración Pública competente.

b) Apoderamiento apud acta efectuado por comparecencia personal o comparecencia electrónica en la correspondiente sede electrónica, o a través de la acreditación de su inscripción en el registro electrónico de apoderamientos de la Administración Pública competente.

c) Apoderamiento apud acta en todo caso.

d) Ninguna es correcta.

43. Señala la opción correcta:

a) Las Administraciones Públicas deberán habilitar con carácter general o específico a personas físicas o jurídicas autorizadas para la realización de determinadas transacciones electrónicas en representación de los interesados.

b) Dicha habilitación deberá especificar las condiciones y obligaciones a las que se comprometen los que así adquieran la condición de representantes, y determinará la presunción de validez de la representación salvo que la normativa de aplicación prevea otra cosa.

c) Las Administraciones Públicas deberán requerir, en cualquier momento, la acreditación de dicha representación.

d) Nunca podrá comparecer el interesado por sí mismo en el procedimiento.

44. Cuando la condición de interesado derivase de alguna relación jurídica transmisible, el derecho-habiente:

a) Sucederá en tal condición, una vez ordenado el procedimiento.
b) Sucederá en tal condición, una vez resuelto el procedimiento.
c) Sucederá en tal condición cualquiera que sea el estado del procedimiento.
d) Ninguna es correcta.

45. Indica la opción correcta, en relación a la representación:

a) La falta o insuficiente acreditación de la representación impedirá que se tenga por realizado el acto de que se trate.

b) El órgano competente para la tramitación del procedimiento deberá incorporar al expediente administrativo acreditación de la condición de representante y de los poderes que tiene reconocidos en dicho momento.

c) El documento electrónico que acredite el resultado de la consulta al registro electrónico de apoderamientos correspondiente no tendrá la condición de acreditación a estos efectos.

d) Ninguna es correcta.

46. La autorización que se debe emitir en el caso del sistema de clave concertada, será emitida en el plazo máximo de:

a) Un mes.
b) Dos meses.
c) Tres meses.
d) Cinco meses.

47. Para que un acto tenga eficacia retroactiva es necesario que:

a) Limite derechos de los particulares.
b) Restrinja el ejercicio de facultades de los particulares.
c) Imponga deberes u obligaciones.
d) No se lesionen derechos de otras personas.

48. La presunción de legitimidad de los actos administrativos:

a) No admite prueba en contrario.
b) Dependerá de lo que el propio acto establezca.
c) Puede ser objeto de impugnación por el particular.
d) Solo se da cuando la Ley expresamente lo diga.

49. Entre los medios de ejecución forzosa no se encuentra el/la:

a) Desahucio administrativo.
b) Ejecución subsidiaria.
c) Multa coercitiva.
d) Compulsión sobre la persona.

50. Los actos dictados prescindiendo total y absolutamente del procedimiento legalmente establecido o de las normas que contienen las reglas esenciales para la formación de la voluntad de los órganos colegiados, se consideran:

a) Válidos.
b) Nulos de pleno derecho.
c) Anulables.
d) Irregulares.

51. A tenor del artículo 92 LPACAP, en el ámbito de la Administración General del Estado, los procedimientos de responsabilidad patrimonial se resolverán por:

a) El Ministro respectivo.
b) El Presidente del Gobierno.
c) El Consejo de Ministros.
d) Son correctas a) y c).

52. Los informes serán emitidos a través de medios electrónicos y de acuerdo con los requisitos que señala el artículo 26 en el plazo de:

a) 7 días.
b) 10 días.
c) 15 días.
d) 20 días.

53. En el caso de los procedimientos de responsabilidad patrimonial será preceptivo solicitar informe al servicio cuyo funcionamiento haya ocasionado la presunta lesión indemnizable, no pudiendo exceder de:

a) 10 días el plazo de su emisión.
b) 15 días el plazo de su emisión.
c) 20 días el plazo de su emisión.
d) 30 días el plazo de su emisión.

54. Ponen fin a la vía administrativa (art. 114 Ley 39):

a) Las resoluciones de los recursos de alzada.
b) Las resoluciones de los procedimientos a que se refiere el artículo 112.2.
c) Las resoluciones de los órganos administrativos que carezcan de superior jerárquico, salvo que una Ley establezca lo contrario.
d) Todas son correctas.

55. Señala el artículo 115 de la Ley 39/2015, que el error o la ausencia de la calificación del recurso por parte del recurrente:

a) Es obstáculo para su tramitación.
b) No será obstáculo para su tramitación, siempre que se deduzca su verdadero carácter.
c) No es obstáculo para su tramitación, en ningún caso.
d) Ninguna es correcta.

56. Serán causas de inadmisión, de un recurso, las siguientes (art. 116 Ley 39):
a) Ser incompetente el órgano administrativo, cuando el competente perteneciera a otra Administración Pública.
b) Carecer de legitimación el recurrente.
c) Tratarse de un acto no susceptible de recurso.
d) Todas son correctas.

57. El recurso de alzada, tal y como indica el artículo 121 de la Ley 39/2015:

a) Debe interponerse ante el órgano que dictó el acto.
b) Podrá interponerse ante el órgano que dictó el acto que se impugna.

c) Se debe resolver en un mes.

d) Ninguna es correcta.

58. Si el recurso de alzada se hubiera interpuesto ante el órgano que dictó el acto impugnado, establece el artículo 121 de la Ley 39/2015:

a) Este deberá remitirlo al competente en el plazo de diez días, con su informe y con una copia completa y ordenada del expediente.

b) Este podrá remitirlo al competente en cualquier momento.

c) Podrá resolver en el plazo de diez días.

d) Ninguna es correcta.

59. De conformidad con lo dispuesto en el artículo 10 del Real Decreto Legislativo 5/2015, de 30 de octubre, por el que se aprueba el Texto Refundido de la Ley del Estatuto Básico del Empleado Público, el nombramiento de funcionario interino por exceso o acumulación de tareas tendrá una duración máxima de:

a) Un año, ampliable hasta tres años más por las leyes de Función Pública que se dicten en desarrollo de este Estatuto.

b) Nueve meses, dentro de un periodo de dieciocho meses.

c) Nueve meses, ampliable hasta dieciocho meses más por las leyes de Función Pública que se dicten en desarrollo de este Estatuto.

d) Tres años, ampliable hasta doce meses más por las leyes de Función Pública que se dicten en desarrollo de este Estatuto.

60. El artículo 75 del Real Decreto Legislativo 5/2015, de 30 de octubre, por el que se aprueba el Texto Refundido de la Ley del Estatuto Básico del Empleado Público, establece que los cuerpos y escalas de funcionarios se crean, modifican y suprimen:

a) Por Real Decreto o decreto autonómico

b) Por acuerdo del órgano de gobierno con competencias en materia de personal

c) Por Acuerdo del Consejo de Ministros o Consejo de Gobierno autonómico

d) Por ley de las Cortes Generales o de las asambleas Legislativas de las Comunidades Autónomas.

61. Según el artículo 7 del Real Decreto Legislativo 5/2015, por el que se aprueba el texto refundido de la Ley del Estatuto Básico del Empleado Público (en adelante TREBEP), en materia de permisos de nacimiento, el personal laboral al servicio de las Administraciones Públicas se regirá por lo previsto en:

a) El Convenio Colectivo que les sea aplicable.

b) El Estatuto de los Trabajadores.

c) El Estatuto Básico del Empleado Público.

d) La Ley del Régimen Jurídico del Sector Público.

62. En aplicación del artículo 25 de la Ley 30/1984, de Medidas para la Reforma de la Función Pública, indica cuál de las siguientes titulaciones NO corresponde al grupo B:

a) Diplomado Universitario.
b) Formación Profesional de segundo grado o equivalente.
c) Ingeniero Técnico.
d) Formación Profesional de tercer grado o equivalente.

63. De acuerdo con el artículo 23 de la Ley 30/1984, de Medidas para la Reforma de la Función Pública, ¿qué concepto retributivo, de aplicación en la Administración General del Estado, tiene como finalidad retribuir el especial rendimiento, la actividad extraordinaria y el interés o iniciativa con que el funcionario desempeña su trabajo?

a) Las gratificaciones extraordinarias.
b) El complemento de productividad.
c) El complemento de destino.
d) El complemento específico

64. De acuerdo con el artículo 37 del TREBEP, Indica cuál de las siguientes materias queda excluida de la obligatoriedad de la negociación:

a) Los poderes de dirección y control propios de la relación jerárquica.
b) Las normas que fijen los criterios y mecanismos generales en materia de evaluación del desempeño.
c) Los criterios generales sobre la planificación estratégica de los recursos humanos, en aquellos aspectos que afecten a condiciones de trabajo de los empleados públicos.
d) Las propuestas sobre derechos sindicales y de participación.

65. En aplicación del artículo 16 del Real Decreto 33/1986, por el que se aprueba el Reglamento del Régimen Disciplinario de los Funcionarios de la Administración del Estado, la suspensión firme de funciones impuesta a un funcionario en virtud de sanción disciplinaria por comisión de falta muy grave:

a) No podrá tener una duración inferior a un año ni superior a tres años.
b) No podrá ser inferior a seis meses ni superior a dos años.
c) No podrá ser superior a seis años ni ser inferior a tres.
d) No tendrá límite máximo de duración.

66. En el artículo 63 del Real Decreto Legislativo 5/2015 de 30 octubre por el que se aprueba el Texto Refundido del Estatuto Básico del Empleado Público consta como causa de pérdida de la condición de funcionario público entre otras, la siguiente:

a) La sanción disciplinaria de suspensión de empleo y sueldo.
b) La excedencia voluntaria por interés particular.

c) La renuncia a la condición de funcionario.
d) Ninguna de las tres es correcta.

67. Según el Real Decreto Legislativo 5/2015, de 30 de octubre, por el que se aprueba el texto refundido de la Ley del Estatuto Básico del Empleado Público, los funcionarios de carrera que sean designados asesores de los grupos parlamentarios de las Cortes Generales o de las asambleas legislativas de las comunidades autónomas, serán declarados en situación de:

a) Servicio activo.
b) Servicios especiales.
c) Servicios en otras Administraciones Públicas.
d) Servicios de asesoramiento de cargos públicos.

68. Según el Real Decreto Legislativo 5/2015, de 30 de octubre, por el que se aprueba el texto refundido de la Ley del Estatuto Básico del Empleado Público, los órganos específicos de representación de los funcionarios son:

a) Los Delegados de Personal y los Comités de Empresa.
b) Los Delegados de Personal, las Juntas de Personal y los Comités de Empresa.
c) Los Comités de Empresa y las Juntas de Personal.
d) Los Delegados de Personal y las Juntas de Personal.

69. Los remolques y semirremolques arrastrados por vehículos de tracción mecánica cuya carga útil sea superior a 750 kg:

a) Está exento.
b) Está sujeto.
c) No está sujeto.
d) Ninguna es correcta.

70. ¿En qué casos los autobuses, están exentos del IVTM?

a) En todos los casos.
b) Cuando tengan capacidad que exceda de 9 plazas, excluida la del conductor.
c) Siempre que tengan una capacidad que exceda de 9 plazas, incluida la del conductor.
d) No están sujetos.

71. ¿Qué bonificación se aplica a los vehículos históricos o aquellos con una antigüedad mínima de 25 años?

a) Están exentos.
b) Es una bonificación de hasta el 100%
c) Es una bonificación de hasta el 75%
d) Ninguna es correcta.

72. Un autónomo recibe una notificación para liquidar una sanción tras resolución administrativa. La recibe el 24 de noviembre de 2023. Indica cuándo puede pagarla:

a) Desde la fecha de recepción de la notificación hasta el día 20 del mes posterior o, si este no fuera hábil, hasta el inmediato hábil siguiente.

b) Desde la fecha de recepción de la notificación hasta el día 20 de dicho mes o, si este no fuera hábil, hasta el inmediato hábil siguiente.

c) Desde la fecha de recepción de la notificación hasta el día cinco del mes siguiente o, si este no fuera hábil, hasta el inmediato hábil siguiente.

d) Desde la fecha de recepción de la notificación hasta el día cinco del segundo mes posterior o, si este no fuera hábil, hasta el inmediato hábil siguiente.

73. Si el mismo autónomo no decide pagar en periodo voluntario, Indica, una vez iniciado el periodo ejecutivo, ¿cuándo debería pagar la sanción?

a) Desde la fecha de recepción de la notificación hasta el día 20 del mes posterior o, si este no fuera hábil, hasta el inmediato hábil siguiente.

b) Desde la fecha de recepción de la notificación hasta el día 20 de dicho mes o, si este no fuera hábil, hasta el inmediato hábil siguiente.

c) Desde la fecha de recepción de la notificación hasta el día cinco del mes siguiente o, si este no fuera hábil, hasta el inmediato hábil siguiente.

d) Ninguna es correcta.

74. Prescribirán a los cuatro años los siguientes derechos:

a) El derecho de la Administración para determinar la deuda tributaria mediante la oportuna liquidación.

b) El derecho de la Administración para exigir el pago de las deudas tributarias liquidadas y autoliquidadas.

c) El derecho a solicitar las devoluciones derivadas de la normativa de cada tributo, las devoluciones de ingresos indebidos y el reembolso del coste de las garantías.

d) Todas son correctas.

75. ¿Se puede aplazar una deuda tributaria?

a) No, en ningún caso.

b) Sí, solo en periodo voluntario.

c) Sí, previa solicitud del obligado tributario, cuando su situación económico-financiera le impida, de forma transitoria, efectuar el pago en el plazo establecido.

d) Sí, en todo caso.

76. Según la Real Decreto Legislativo 2/2004, de 5 de marzo, por el que se aprueba el texto refundido de la Ley Reguladora de las Haciendas Locales, ¿cuál de los siguientes es un impuesto municipal indirecto?

a) Impuesto sobre bienes inmuebles.

b) Impuesto sobre vehículos de tracción mecánica.

c) Impuesto sobre el incremento de valor de terrenos de naturaleza urbana.

d) Impuesto sobre construcciones, instalaciones y obras.

77. ¿Por cuál de los siguientes servicios o usos del dominio público local las entidades locales no podrán exigir tasa alguna?

a) Limpieza de la vía pública.

b) Tránsito de ganados sobre vías públicas o terrenos de dominio público local.

c) Muros de contención o sostenimiento de tierras en vías públicas locales.

d) Depósitos y aparatos distribuidores de combustible en terrenos de uso público local.

78. Para la entrada en vigor de una ordenanza local es preciso:

a) Que el acuerdo definitivo y el texto íntegro de la ordenanza sean publicados en el Boletín Oficial de la Provincia.

b) Que el Pleno acuerde su aprobación.

c) Si no se presenta reclamación no será necesaria la adopción de nuevo acuerdo.

d) Todas las anteriores son correctas.

79. A los efectos de la Ley 31/1995, de 8 de noviembre, es definido como el conjunto de actividades o medidas adoptadas o previstas en todas las fases de actividad de la empresa con el fin de evitar o disminuir los riesgos derivados del trabajo:

a) El equipo de protección individual.

b) El equipo de trabajo.

c) Prevención.

d) La condición de trabajo.

80. Respecto al derecho a la protección frente a los riesgos laborales:

a) Los empresarios tienen derecho a una protección eficaz en materia de seguridad y salud en el trabajo.

b) El derecho de paralización de la actividad en caso de riesgo probable no forma parte del derecho de los trabajadores a una protección eficaz en materia de seguridad y salud en el trabajo.

c) El empresario deberá cumplir las obligaciones establecidas en la normativa sobre prevención de riesgos laborales.

d) El coste de las medidas relativas a la seguridad y salud en el trabajo podrá recaer sobre los trabajadores.

81. De acuerdo con el artículo 21 de la Ley 31/1995, de 8 de noviembre de Prevención de Riesgos Laborales, cuando los trabajadores estén o puedan estar expuestos a un riesgo grave e inminente con ocasión de su trabajo, el empresario estará obligado a:

a) Informar lo antes posible a todos los trabajadores afectados acerca de la existencia de dicho riesgo y de las medidas adoptadas o que, en su caso, deban adoptarse en materia de protección.

b) Definir las políticas preventivas oportunas para proteger la salud del trabajador.

c) Contactar con los representantes de los trabajadores para tomar decisiones colegiadas respecto a la situación de riesgo para la salud de los trabajadores.

d) Poner en conocimiento de las autoridades la situación e implementar las medidas que estas estimen oportunas para la protección de los trabajadores.

82. En relación con el artículo 35 de la Ley 31/1995, de 8 de noviembre, de Prevención de Riesgos Laborales, los delegados de prevención serán:

a) Nombrados entre los trabajadores con titulación de técnico de nivel básico
b) Designados por y entre los representantes de los trabajadores.
c) Los designa la empresa para dicha ocupación.
d) Ninguna es correcta.

83. "El conjunto de medios humanos y materiales necesarios para realizar las actividades preventivas a fin de garantizar la adecuada protección de la seguridad y la salud de los trabajadores, asesorando y asistiendo para ello al empresario, a los trabajadores y a sus representantes y a los órganos de representación especializados", a efectos de la Ley 31/1995, es la definición de:

a) Servicio de Salud.
b) Comité de Seguridad y Salud.
c) Servicio de Prevención.
d) Ninguna es correcta.

84. En referencia a la Ley 19/2013, de 9 de diciembre, de Transparencia, Acceso a la Información Pública y Buen Gobierno, Señala cuál NO es uno de los objetos de dicha ley:

a) Ampliar y reforzar la transparencia de la actividad pública.
b) Garantizar la accesibilidad a los trámites relativos a aquella actividad.
c) Establecer las obligaciones de buen gobierno que deben cumplir los responsables públicos, así como las consecuencias jurídicas de su incumplimiento.
d) Ninguna es correcta.

85. El artículo 14 de la Ley 19/2013, de 9 de diciembre, de transparencia, acceso a la información pública y buen gobierno, establece que el derecho al acceso a la información pública, podrá ser limitado cuando acceder a la información suponga un perjuicio para:

a) La Familia Real.
b) La seguridad pública.
c) Los partidos políticos y los sindicatos.
d) No podrá ser limitado a ningún ciudadano español.

86. ¿A quién corresponde en las Entidades Locales la coordinación de las obligaciones de publicidad e información en materia de contratación que se establece en la Ley 19/2013, de 9 de diciembre, de Transparencia, Acceso a la Información Pública y Buen Gobierno conforme a la Disposición Adicional Tercera de la LCSP?

a) Servicio de Contratación.
b) Junta Consultiva de Contratación Administrativa.
c) Secretaría.
d) Intervención.

87. De acuerdo con el artículo 2 de la Ley 19/2013, de 9 de diciembre, de transparencia, acceso a la información pública y buen gobierno, las Disposiciones de la Transparencia de la actividad pública, se aplicarán a:

a) La Administración General del Estado, las Administraciones de las Comunidades Autónomas y de las Ciudades de Ceuta y Melilla y las entidades que integran la Administración Local.
b) La Administración General del Estado, las Administraciones de las Comunidades Autónomas y de las Ciudades de Ceuta y Melilla de acuerdo con su normativa específica, siendo esta Ley de aplicación supletoria.
c) La Administración General del Estado solo y exclusivamente.
d) Ninguna es correcta.

88. Según el artículo 14 de la Ley 19/2013, de 9 de diciembre, el derecho de acceso a la información pública podrá ser limitado cuando acceder a la información suponga un perjuicio para:

a) La prevención, investigación y sanción de ilícitos administrativos.
b) La implantación de servicios sociales.
c) El derecho de acceso no puede ser limitado ya que se trata de información pública.
d) Todas son correctas.

89. En relación al ejercicio del derecho de acceso a la información pública, si la información solicitada pudiera afectar a derechos o intereses de terceros, debidamente identificados:

a) Se les concederá un plazo de veinte días para que puedan realizar las alegaciones que estimen oportunas, debiendo informar al solicitante de esta circunstancia.
b) Se les concederá un plazo de quince días para que puedan realizar las alegaciones que estimen oportunas, debiendo informar al solicitante de esta circunstancia.
c) Se les concederá un plazo de diez días para que puedan realizar las alegaciones que estimen oportunas, debiendo informar al solicitante de esta circunstancia.

90. En cuanto al trámite de audiencia a los interesados:

a) Instruidos los procedimientos, e inmediatamente después de redactar la propuesta de resolución, se pondrán de manifiesto a los interesados o, en su caso, a sus representantes, para lo que se tendrán en cuenta las limitaciones previstas en su caso en la Ley 19/2013, de 9 de diciembre.

b) Instruidos los procedimientos, e inmediatamente antes de redactar la de resolución, se pondrán de manifiesto a los interesados o, en su caso, a sus representantes, para lo que se tendrán en cuenta las limitaciones previstas en su caso en la Ley 19/2013, de 9 de diciembre.

c) Instruidos los procedimientos, e inmediatamente antes de redactar la propuesta de resolución, se pondrán de manifiesto a los interesados o, en su caso, a sus representantes, para lo que se tendrán en cuenta las limitaciones previstas en su caso en la Ley 19/2013, de 9 de diciembre.

d) Todas son falsas.

91. De conformidad con el artículo 17 de la Ley 19/2013, de 9 de diciembre, de Transparencia, Acceso a la Información Pública y Buen Gobierno ¿es obligatorio motivar la solicitud de acceso a la información pública?

a) Solo en ciertos casos, cuando la información sea solicitada por personal investigador.

b) No es obligatorio.

c) Sí, en todo caso.

d) Solo en ciertos casos, y con fines estadísticos.

92. Las administraciones públicas asegurarán que las víctimas tengan acceso efectivo a la indemnización que corresponda por los daños y perjuicios, que deberá garantizar la satisfacción económicamente evaluable de, al menos, los siguientes conceptos:

a) El daño físico y psicológico, incluido el daño moral y el daño a la dignidad.

b) La pérdida de oportunidades, incluidas las oportunidades de educación, empleo y prestaciones sociales.

c) Los daños materiales y la pérdida de ingresos, incluido el lucro cesante.

d) Todas son correctas.

93. Las situaciones de violencia de género que dan lugar al reconocimiento de los derechos regulados en este capítulo I Título I LO 1/2004, se acreditarán mediante:

a) Una sentencia condenatoria por un delito de violencia de género.

b) Una orden de protección.

c) Cualquier otra resolución judicial que acuerde una medida cautelar a favor de la víctima, o bien por el informe del Ministerio Fiscal que Indica la existencia de indicios de que la demandante es víctima de violencia de género.

d) Todas son correctas.

94. En la Ley Orgánica 1/2004, el Capítulo I del Título dedicado a los derechos de las mujeres víctimas de violencia de género, lleva por rúbrica:

a) Derecho a la información, derechos económicos y a la asistencia jurídica gratuita.
b) Derecho a la información, tutela institucional y a la asistencia jurídica gratuita.
c) Derecho a la información, a la asistencia social integral y a la asistencia jurídica gratuita.
d) Ninguna es correcta.

95. La integración del principio de igualdad de trato y de oportunidades en el conjunto de las políticas económica, laboral, social, cultural y artística, con el fin de evitar la segregación laboral y eliminar las diferencias retributivas, así como potenciar el crecimiento del empresariado femenino en todos los ámbitos que abarque el conjunto de políticas y el valor del trabajo de las mujeres, incluido el doméstico:

a) Es un principio informador, según la LO 3/2007.
b) Es un criterio general de actuación de los Poderes Públicos.
c) Es un valor superior contemplado en la LO 1/2004.
d) Ninguna es correcta.

96. El establecimiento de medidas que aseguren la conciliación del trabajo y de la vida personal y familiar de las mujeres y los hombres, así como el fomento de la corresponsabilidad en las labores domésticas y en la atención a la familia:

a) Es un principio informador, según la LO 3/2007.
b) Es un criterio general de actuación de los Poderes Públicos.
c) Es un valor superior contemplado en la LO 1/2004.
d) Ninguna es correcta.

97. El derecho a la reparación establecido en la LO 1/2004, comprende:

a) La compensación económica por los daños y perjuicios derivados de la violencia.
b) Las medidas necesarias para su completa recuperación física, psíquica y social.
c) Las acciones de reparación simbólica.
d) Todas son correctas.

98. La Ley Orgánica 3/2007 de 22 de marzo, para la igualdad efectiva de mujeres y hombres, según se establece en su artículo 1, tiene como objeto:

a) Hacer efectivo el derecho de igualdad de trato y de oportunidades entre mujeres y hombres, en particular mediante la discriminación positiva de la mujer, sea cual fuere su circunstancia o condición, en cualesquiera de los ámbitos de la vida y, singularmente, en las esferas política, civil, laboral, económica, social y cultural para, en el desarrollo de los artículos 9.2 y 14 de la Constitución, alcanzar una sociedad más democrática, más justa y más solidaria.

b) Hacer efectivo el derecho de igualdad de trato y de oportunidades entre mujeres y hombres, en particular mediante la discriminación positiva del hombre, sea cual fuere su circunstancia o condición, en cualesquiera de los ámbitos de la vida y, singularmente, en las esferas política, civil, laboral, económica, social y cultural para, en el desarrollo de los artículos 9.2 y 14 de la Constitución, alcanzar una sociedad más democrática, más justa y más solidaria.

c) Hacer efectivo el derecho de igualdad de trato y de oportunidades entre mujeres y hombres, en particular mediante la eliminación de la discriminación de la mujer, sea cual fuere su circunstancia o condición, en cualesquiera de los ámbitos de la vida y, singularmente, en las esferas política, civil, laboral, económica, social y cultural para, en el desarrollo de los artículos 9.2 y 14 de la Constitución, alcanzar una sociedad más democrática, más justa y más solidaria.

d) Ninguna es correcta.

99. Según lo establecido en el artículo 2 de la Ley Orgánica 3/2007 de 22 de marzo, para la igualdad efectiva de mujeres y hombres, las obligaciones establecidas en esta Ley no serán de aplicación:

a) A las empresas privadas, no nacionales, que no se encuentren ni actúen en territorio español, cualquiera que fuese su nacionalidad, domicilio o residencia.

b) A las empresas privadas, en general, sean o no nacionales, siempre que se encuentren o actúen en territorio español.

c) A toda persona, física o jurídica, que se encuentre y no actúe en territorio español, cualquiera que fuese su nacionalidad, domicilio o residencia.

d) A toda persona, física, que actúe en territorio español, cualquiera que fuese su domicilio o residencia.

100. Según lo establecido en la Ley Orgánica 3/2007 de 22 de marzo, para la igualdad efectiva de mujeres y hombres, Señala la respuesta incorrecta:

a) Se considera discriminación directa por razón de sexo la situación en que se encuentra una persona que sea, haya sido o pudiera ser 2 tratada, en atención a su sexo, de manera menos favorable que otra en situación comparable.

b) Se considera discriminación indirecta por razón de sexo la situación en que una disposición, criterio o práctica aparentemente neutros pone a personas de un sexo en desventaja particular con respecto a personas del otro, salvo que dicha disposición, criterio o práctica puedan justificarse objetivamente en atención a una finalidad legítima y que los medios para alcanzar dicha finalidad sean necesarios y adecuados.

c) No constituirá discriminación en el acceso al empleo, incluida la formación necesaria, una diferencia de trato basada en una característica relacionada con el sexo cuando, debido a la naturaleza de las actividades profesionales concretas o al contexto en el que se lleven a cabo, dicha característica constituya un requisito profesional esencial y determinante, siempre y cuando el objetivo sea legítimo y el requisito proporcionado.

d) El principio de igualdad de trato y de oportunidades entre mujeres y hombres, se garantizará, en el acceso al empleo, excepto al trabajo por cuenta propia, y en la participación en las organizaciones sindicales y empresariales, salvo en las organizaciones cuyos miembros ejerzan una profesión concreta, incluidas las prestaciones concedidas por las mismas.

Solución simulacro n.º 6

1. b) Ninguna entrada o registro podrá hacerse en el domicilio sin consentimiento del titular o resolución judicial, salvo en caso de flagrante delito.

2. c) Se reconoce en la CE, en el marco de la economía de mercado.

3. d) En ningún caso, se pueden suspender todos los derechos fundamentales.

4. b) Mediante Reglamento podrán regularse los deberes de los ciudadanos en los casos de catástrofe o calamidad pública.

5. c) Una ley orgánica.

6. c) El Rey, a propuesta del consejo General del Poder Judicial.

7. c) Entre sus miembros por el Rey, a propuesta del mismo tribunal en pleno y por un período de tres años.

8. c) Salvo lo dispuesto en el art. 65.2 de la Constitución Española.

9. d) Una, tres o cinco personas.

10. c) El Presidente del Gobierno, el Defensor del Pueblo, cincuenta diputados, cincuenta senadores, los órganos colegiados ejecutivos de las Comunidades Autónomas y, en su caso, las Asambleas de las mismas.

11. d) El Tribunal Constitucional tiene jurisdicción en todo el territorio español y es competente para conocer del recurso de amparo por violación de los derechos y libertades referidos en el artículo 53.2, estando legitimados para interponerlo toda persona natural o jurídica que invoque un interés legítimo, así como el Defensor del Pueblo y el Ministerio Fiscal.

12. d) En cada provincia, con jurisdicción en toda ella y sede en su capital, habrá uno o más Juzgados de lo Contencioso-Administrativo, que conocerán, en primera o única instancia, de los recursos contencioso-administrativos contra actos que expresamente les atribuya la Ley.

13. b) Recurso de amparo ante el Tribunal Constitucional.

14. d) Las respuestas a) y b) son correctas.

15. d) El Presidente del Tribunal Constitucional será nombrado entre sus miembros por el Rey, a propuesta del mismo Tribunal en pleno y por un periodo de 3 años.

16. c) En las causas contra Diputados y Senadores será competente la Sala de lo Penal del Tribunal Supremo.

17. a) Por medios de órganos propios conforme a los principios de unidad de actuación y dependencia jerárquica y con sujeción, en todo caso, a los de legalidad e imparcialidad.

18. c) No podrán desempeñar otros cargos públicos ni pertenecer a partidos políticos o sindicatos.

19. a) El Consejo de Ministros mediante Real Decreto, a propuesta del Presidente del Gobierno.

20. a) Dirige la política interior y exterior, la Administración civil y militar y la defensa del Estado. Ejerce la función ejecutiva y la potestad reglamentaria de acuerdo con la Constitución y las leyes.

21. d) Por Real Decreto del Consejo de Ministros, a propuesta del titular del Ministerio o del Presidente del Gobierno.

22. b) Subsecretaría.

23. a) Una Asamblea Legislativa, un Consejo de Gobierno y un Presidente.

24. d) Población inferior a 20.000 habitantes.

25. b) La Asamblea Legislativa de la Comunidad no podrá legislar.

26. b) El municipio, para la gestión de sus intereses y en el ámbito de sus competencias, puede promover actividades y prestar los servicios públicos que contribuyan a satisfacer las necesidades y aspiraciones de la comunidad vecinal en los términos previstos en el artículo 25 de la Ley 7/1985.

27. b) Ser informado, previa petición razonada, y dirigir solicitudes a la Administración municipal en relación a todos los expedientes y documentación municipal, de acuerdo con lo previsto en el artículo 115 de la Constitución.

28. a) Se regularán por la legislación de las Comunidades Autónomas sobre régimen local.

29. a) Las Diputaciones Provinciales, Cabildos y Consejos Insulares.

30. c) Si ninguno de ellos obtiene dicha mayoría es proclamado Alcalde, el Concejal que encabece la lista que haya obtenido mayor número de votos populares en el correspondiente municipio. En caso de empate se resolverá por sorteo.

31. a) La iniciativa para proponer al Pleno la declaración de lesividad en materias de la competencia de la Alcaldía.

32. d) El Estado.

33. a) 13.

34. b) El Alcalde, salvo que las leyes sectoriales lo atribuyan al Pleno o a la Junta de Gobierno Local.

35. a) Se publiquen en el BOE.

36. b) La coordinación mediante convenio, con la Comunidad Autónoma respectiva, de la prestación del servicio de mantenimiento de los consultorios médicos en los municipios con población inferior a 20.000 habitantes.

37. d) 20.000 habitantes.

38. b) Sí, siempre y cuando el municipio tenga una población inferior a 5.000 habitantes.

39. c) Aquellos cuyos intereses legítimos, individuales o colectivos, puedan resultar afectados por la resolución siempre que se personen en el procedimiento durante el trámite de audiencia.

40. a) Con el representante o el interesado que expresamente hayan señalado y en su defecto con el que figure en primer término.

41. d) Todas son correctas.

42. b) Apoderamiento apud acta efectuado por comparecencia personal o comparecencia electrónica en la correspondiente sede electrónica, o a través de la acreditación de su inscripción en el registro electrónico de apoderamientos de la Administración Pública competente.

43. b) Dicha habilitación deberá especificar las condiciones y obligaciones a las que se comprometen los que así adquieran la condición de representantes, y determinará la presunción de validez de la representación salvo que la normativa de aplicación prevea otra cosa.

44. c) Sucederá en tal condición cualquiera que sea el estado del procedimiento.

45. b) El órgano competente para la tramitación del procedimiento deberá incorporar al expediente administrativo acreditación de la condición de representante y de los poderes que tiene reconocidos en dicho momento.

46. c) Tres meses.

47. d) No se lesionen derechos de otras personas.

48. c) Puede ser objeto de impugnación por el particular.

49. a) Desahucio administrativo.

50. b) Nulos de pleno derecho.

51. d) Son correctas a) y c).

52. b) 10 días.

53. a) 10 días el plazo de su emisión.

54. d) Todas son correctas.

55. b) No será obstáculo para su tramitación, siempre que se deduzca su verdadero carácter.

56. d) Todas son correctas.

57. b) Podrá interponerse ante el órgano que dictó el acto que se impugna.

58. a) Este deberá remitirlo al competente en el plazo de diez días, con su informe y con una copia completa y ordenada del expediente.

59. b) Nueve meses, dentro de un periodo de dieciocho meses.

60. d) Por ley de las Cortes Generales o de las asambleas Legislativas de las Comunidades Autónomas.

61. c) El Estatuto Básico del Empleado Público.

62. b) Formación Profesional de segundo grado o equivalente.

63. b) El complemento de productividad.

64. a) Los poderes de dirección y control propios de la relación jerárquica.

65. c) No podrá ser superior a seis años ni ser inferior a tres.

66. c) La renuncia a la condición de funcionario.

67. b) Servicios especiales.

68. d) Los Delegados de Personal y las Juntas de Personal.

69. b) Está sujeto.

70. c) Siempre que tengan una capacidad que exceda de 9 plazas, incluida la del conductor.

71. b) Es una bonificación de hasta el 100%

72. d) Desde la fecha de recepción de la notificación hasta el día cinco del segundo mes posterior o, si este no fuera hábil, hasta el inmediato hábil siguiente.

73. c) Desde la fecha de recepción de la notificación hasta el día cinco del mes siguiente o, si este no fuera hábil, hasta el inmediato hábil siguiente.

74. d) Todas son correctas.

75. c) Sí, previa solicitud del obligado tributario, cuando su situación económico-financiera le impida, de forma transitoria, efectuar el pago en el plazo establecido.

76. d) Impuesto sobre construcciones, instalaciones y obras.

77. a) Limpieza de la vía pública.

78. d) Todas las anteriores son correctas.

79. c) Prevención.

80. c) El empresario deberá cumplir las obligaciones establecidas en la normativa sobre prevención de riesgos laborales.

81. a) Informar lo antes posible a todos los trabajadores afectados acerca de la existencia de dicho riesgo y de las medidas adoptadas o que, en su caso, deban adoptarse en materia de protección.

82. b) Designados por y entre los representantes de los trabajadores.

83. c) Servicio de Prevención.

84. c) Establecer las obligaciones de buen gobierno que deben cumplir los responsables públicos, así como las consecuencias jurídicas de su incumplimiento.

85. b) La seguridad pública.

86. c) Secretaría.

87. a) La Administración General del Estado, las Administraciones de las Comunidades Autónomas y de las Ciudades de Ceuta y Melilla y las entidades que integran la Administración Local.

88. a) La prevención, investigación y sanción de ilícitos administrativos.

89. b) Se les concederá un plazo de quince días para que puedan realizar las alegaciones que estimen oportunas, debiendo informar al solicitante de esta circunstancia.

90. c) Instruidos los procedimientos, e inmediatamente antes de redactar la propuesta de resolución, se pondrán de manifiesto a los interesados o, en su caso, a sus representantes, para lo que se tendrán en cuenta las limitaciones previstas en su caso en la Ley 19/2013, de 9 de diciembre.

91. b) No es obligatorio.

92. d) Todas son correctas.

93. d) Todas son correctas.

94. c) Derecho a la información, a la asistencia social integral y a la asistencia jurídica gratuita.

95. b) Es un criterio general de actuación de los Poderes Públicos.

96. b) Es un criterio general de actuación de los Poderes Públicos.

97. d) Todas son correctas.

98. c) Hacer efectivo el derecho de igualdad de trato y de oportunidades entre mujeres y hombres, en particular mediante la eliminación de la discriminación de la mujer, sea cual fuere su circunstancia o condición, en cualesquiera de los ámbitos de la vida y, singularmente, en las esferas política, civil, laboral, económica, social y cultural para, en el desarrollo de los artículos 9.2 y 14 de la Constitución, alcanzar una sociedad más democrática, más justa y más solidaria.

99. a) A las empresas privadas, no nacionales, que no se encuentren ni actúen en territorio español, cualquiera que fuese su nacionalidad, domicilio o residencia.

100. d) El principio de igualdad de trato y de oportunidades entre mujeres y hombres, se garantizará, en el acceso al empleo, excepto al trabajo por cuenta propia, y en la participación en las organizaciones sindicales y empresariales, salvo en las organizaciones cuyos miembros ejerzan una profesión concreta, incluidas las prestaciones concedidas por las mismas.

1. Según el artículo 122.3 de la Constitución Española, el Consejo General del Poder Judicial estará integrado por:

a) El Presidente del Tribunal Supremo, que lo presidirá, y por veinte miembros nombrados por el Rey, por un período de cinco años.

b) El Presidente del Tribunal Supremo, que lo presidirá, y por doce miembros nombrados por el Rey, por un período de cinco años.

c) El Presidente del Tribunal Supremo, que lo presidirá, y por veinte miembros nombrados por el Rey, por un período de nueve años.

d) Ninguna es correcta.

2. Según la Ley Orgánica 3/1981, de 6 de abril, del Defensor del Pueblo ¿qué afirmación es falsa?

a) El Defensor del Pueblo será elegido por las Cortes Generales para un periodo de cinco años, y se dirigirá a las mismas a través de los Presidentes del Congreso y del senado, respectivamente.

b) El Defensor del Pueblo no estará sujeto a mandato imperativo alguno.

c) La condición de Defensor del Pueblo es incompatible con el ejercicio de las carreras judicial y fiscal, y con cualquier actividad profesional, liberal, mercantil o laboral.

d) Las atribuciones del Defensor del Pueblo no se extienden a la actividad de los ministros, autoridades administrativas, funcionarios y cualquier persona que actúe al servicio de las Administraciones públicas.

3. No es atribución del Presidente del Tribunal de Cuentas:

a) Ejercer la función fiscalizadora.

b) Disponer los gastos propios del Tribunal.

c) Representar al Tribunal.

d) Resolver las demás cuestiones de carácter gubernativo no asignadas a otros órganos del Tribunal.

4. La declaración de inconstitucionalidad podrá promoverse mediante:

a) El recurso de inconstitucionalidad.

b) La cuestión de inconstitucionalidad promovida por Jueces o Tribunales.

c) El recurso de amparo promovido por 50 Diputados o 50 Senadores.

d) Son correctas a) y b).

5. ¿Por cuánto tiempo es nombrado el Presidente del Tribunal de Cuentas?

a) Cinco años.

b) Cuatro años.

c) Tres años.

d) Dos años renovables por iguales periodos.

6. Según el artículo 53 de la Constitución Española "cualquier ciudadano podrá recabar la tutela de las libertades y derechos reconocidos en el artículo 14 y la Sección 1.ª del Capítulo Segundo ante los Tribunales ordinarios por un procedimiento basado en los principios de:

a) Inmediación y publicidad.

b) Oralidad e impulso procesal.

c) Preferencia y sumariedad.

d) Igualdad de las partes y economía procesal.

7. Los miembros del Tribunal Constitucional se renovarán:

a) Cada cuatro años.

b) Por cuartas partes cada cuatro años.

c) Por terceras partes cada tres años.

d) Cada nueve años.

8. Según el artículo 2 de la Ley Orgánica 3/1981, de 6 de abril, del Defensor del Pueblo:

a) El Defensor del Pueblo será elegido por el Congreso, por un período de 5 años.

b) El Defensor del Pueblo será elegido por las Cortes Generales, por un período de 5 años.

c) El Defensor del Pueblo será elegido por las Cortes Generales, por un período de 4 años.

d) El Defensor del Pueblo será elegido por el Congreso, por un período de 4 años.

9. Se podrá recabar la tutela de las libertades y derechos reconocidos en el artículo 14 y la Sección primera del Capítulo 2º (Título I) de la Constitución a través del recurso de amparo ante el Tribunal Constitucional:

a) Sí, en todo caso.

b) Sí, en su caso.

c) No, solamente a través del recurso de constitucionalidad.

d) No.

10. Según 106 CE el control de la potestad reglamentaria y la legalidad de la actuación administrativa, así como el sometimiento de esta a los fines que la justifican corresponde a:

a) El Defensor del Pueblo.
b) El Ministerio Fiscal.
c) El Congreso de los Diputados.
d) Los Tribunales.

11. ¿Cuál es el supremo órgano consultivo del Gobierno?

a) El Tribunal de Cuentas.
b) El Consejo General del Poder Judicial.
c) El Consejo de Estado.
d) El Consejo Jurídico Consultivo.

12. La última reforma de la Constitución se publicó en:

a) El Boletín Oficial del Estado número 233, de 27 de septiembre de 2011, reformándose el artículo 135 de la misma.
b) El Boletín Oficial del Estado número 233, de 27 de septiembre de 2010, reformándose el artículo 135 de la misma.
c) El Boletín Oficial del Estado número 233, de 27 de septiembre de 2011, reformándose el artículo 137 de la misma.
d) El Boletín Oficial del Estado número 233, de 27 de septiembre de 2010, reformándose el artículo 137 de la misma.

13. La Nación española, deseando establecer la justicia, la libertad y la seguridad y promover el bien de cuantos la integran, en uso de su soberanía, proclama su voluntad de:

a) Garantizar la convivencia ciudadana dentro de la Constitución y de las leyes conforme a un orden económico y social justo.
b) Consolidar un Estado Democrático que asegure el imperio de la ley como expresión de la voluntad popular.
c) Proteger a todos los españoles y pueblos de España en el ejercicio de los derechos humanos, sus culturas y tradiciones, lenguas e instituciones.
d) Promover el progreso de la sociedad y de la economía para asegurar a todos, una digna calidad de vida.

14. Los poderes públicos promoverán las condiciones favorables para el progreso social y económico y para una distribución de la renta regional y personal más equitativa, en el marco de:

a) Una política de estabilidad económica.
b) Una política de garantía social.

c) Una política de justicia social.

d) Una política que vele especialmente por la salvaguardia de los derechos económicos y sociales de los trabajadores españoles en el extranjero.

15. ¿Cómo garantizarán los poderes públicos la defensa de los consumidores?

a) Protegiendo, mediante procedimientos eficaces, la seguridad, la salud y los legítimos intereses económicos de los mismos.

b) Protegiendo, mediante la creación de oficinas de consumidores, la seguridad, la salud y los intereses económicos de los mismos.

c) Protegiendo, mediante la creación de tribunales "ad hoc", la seguridad, la salud y los intereses económicos de los mismos.

d) Garantizando por ley la prohibición de precios abusivos.

16. Si el Rey Felipe VI, en diciembre de 2023, queda inhabilitado para ejercer su autoridad y esta imposibilidad la reconoce las Cortes Generales:

a) Entrará a ejercer inmediatamente la Regencia, la princesa Leonor.

b) Entrará a ejercer inmediatamente la Regencia, la reina Letizia.

c) Entrará a ejercer inmediatamente la Regencia cualquier pariente mayor de edad designado por el Rey.

d) Entrará a ejercer inmediatamente la Regencia, quien designe las Cortes Generales.

17. El ejercicio de la tutela:

a) Es compatible con cargo político.

b) Es compatible con cargo representativo.

c) Es incompatible con el de todo cargo o representación política.

d) Se regula en el artículo 59 de la Constitución.

18. De acuerdo con el artículo 163 de la LOREG, no se tienen en cuenta aquellas candidaturas que no hubieran obtenido, al menos:

a) El 6 por 100 de los votos válidos emitidos en la circunscripción.

b) El 5 por 100 de los votos válidos emitidos en la circunscripción.

c) El 4 por 100 de los votos válidos emitidos en la circunscripción.

d) El 3 por 100 de los votos válidos emitidos en la circunscripción.

19. Según establece la CE en su artículo 71.2, para imputar o procesar a diputados o senadores durante su mandato será necesaria una autorización previa que debe emitir:

a) El Tribunal Constitucional.

b) El Congreso o el Senado, respectivamente.

c) El Rey a propuesta del Presidente del Gobierno.

d) No es necesaria tal autorización.

20. El Estado se organiza territorialmente, a efectos judiciales:

a) Solo en Partidos.
b) En Municipios, Provincias y Comunidades Autónomas.
c) En Municipios, Provincias e Islas.
d) En Municipios, Partidos, Provincias y Comunidades Autónomas.

21. El ámbito territorial de los Tribunales Superiores de Justicia es:

a) El municipio.
b) La provincia.
c) El partido.
d) La Comunidad Autónoma.

22. El artículo 4 de la Ley del Gobierno señala que los Ministros, como titulares de sus Departamentos, tienen competencia y responsabilidad en la esfera específica de su actuación, y les corresponde el ejercicio de las siguientes funciones:

a) Modificar y suprimir los órganos directivos de los Departamentos Ministeriales.
b) Contraer crédito.
c) Refrendar, en su caso, los actos del Rey en materia de su competencia.
d) Todas son correctas.

23. Los miembros del Gobierno exceptuando el Presidente del Gobierno, a tenor del artículo 12.2 de la Ley 50/1997, de 27 de noviembre, del Gobierno, serán nombrados y separados a propuesta de:

a) El Presidente del Gobierno.
b) El Rey.
c) El Presidente del Congreso de los Diputados.
d) El Presidente de las Cortes Generales.

24. Los órganos del nivel inferior a Subdirección General se crean, modifican y suprimen:

a) Por Orden del Ministro de Hacienda, previa autorización del Ministro respectivo.
b) Por Orden del Ministro respectivo, previa autorización del Ministro de Hacienda.
c) Por Decreto del Presidente del Gobierno.
d) Por Resolución, en todo caso.

25. Los Secretarios Generales tienen categoría de:

a) Director General.
b) Subsecretario.
c) Subsecretario.
d) Subdirector General.

26. Cuando un Estado y Comunidad Autónoma comparten la materia o las funciones sobre dicha materia, estamos ante competencias:

a) Compartidas.
b) Concurrentes.
c) Exclusivas.
d) Indistintas.

27. Señala la respuesta correcta respecto a los Estatutos de Autonomía:

a) Pueden considerarse como la peculiar Constitución de cada Comunidad Autónoma.
b) Son una ley orgánica integrada con este carácter en el total ordenamiento jurídico de la Nación española.
c) El Estado los reconocerá y amparará como parte integrante de su ordenamiento jurídico.
d) Todas son correctas.

28. ¿Quién nombra al Presidente del Consejo de Gobierno de las Comunidades Autónomas?

a) El Rey.
b) La Asamblea de la Comunidad Autónoma.
c) El Presidente de la CC.AA.
d) El Presidente del Gobierno de la Nación.

29. Indica una de las competencias que podrán asumir las Comunidades Autónomas, en virtud del art. 148 CE:

a) Patrimonio monumental de interés de la Comunidad Autónoma.
b) Asistencia social.
c) Puertos y aeropuertos deportivos.
d) Todas son correctas.

30. El Consejo de Gobierno de las Comunidades Autónomas, según la Constitución, tendrá funciones:

a) Legislativas y reglamentarias.
b) Ejecutivas y reglamentarias.
c) Legislativas y ejecutivas.
d) Administrativas y ejecutivas.

31. La autonomía de las Entidades Locales, a diferencia de la reconocida a las Comunidades Autónomas, es:

a) De carácter político.
b) De mera ejecución de competencias.

c) Esencialmente administrativa.
d) Las respuestas b) y c) son correctas.

32. Entre las determinaciones de los Estatutos de autonomía, no es necesario incluir la:

a) Delimitación de su territorio.
b) Denominación de las instituciones autónomas propias.
c) La denominación de la Comunidad.
d) Denominación, organización y sede de sus instituciones administrativas.

33. El principio de solidaridad consagrado por el artículo 138 de la Constitución exige una atención especial a:

a) Las Comunidades Autónomas de economía más deprimida.
b) Las Entidades de ámbito territorial inferior al municipal.
c) Todas las partes del territorio nacional.
d) Las Islas.

34. La elección de los Concejales y el Alcalde sigue el procedimiento establecido:

a) En la Constitución.
b) En la Ley 7/1985, de 2 de abril.
c) En la Ley Orgánica del Régimen Electoral General.
d) Ninguna es correcta.

35. ¿Se puede establecer una organización municipal complementaria a la prevista en el artículo 20 de la Ley 7/1985?

a) No, en ningún caso.
b) Sí, mediante ley de las Comunidades Autónomas.
c) Sí, reglamentariamente a través del Estado.
d) Queda prohibido por el ordenamiento jurídico.

36. Cuando una Diputación detecte que los costes efectivos de los servicios prestados por los municipios son superiores a los de los servicios coordinados o prestados por ella:

a) Incluirá en el plan provincial, una memoria justificativa con los criterios de distribución de fondos para reducir sus costes efectivos.
b) Se aprobarán planes especiales u otros instrumentos específicos.
c) Incluirá en el plan provincial, fórmulas de prestación unificada o supramunicipal para reducir sus costes efectivos.
d) Ninguna es correcta.

37. Las Diputaciones o entidades equivalentes podrán otorgar subvenciones y ayudas con cargo a sus recursos propios para la realización y el mantenimiento de obras y servicios municipales, que se instrumentarán a través de planes especiales u otros instrumentos específicos con el fin de:

a) Asegurar el acceso de la población de la provincia al conjunto de los servicios mínimos de competencia municipal y a la mayor eficacia y economía en la prestación de estos mediante cualesquiera fórmulas de asistencia y cooperación municipal.

b) Garantizará el desempeño de las funciones públicas necesarias en los Ayuntamientos y les prestará apoyo en la selección y formación de su personal.

c) Dará soporte a los Ayuntamientos para la tramitación de procedimientos administrativos y realización de actividades materiales y de gestión, asumiéndolas cuando aquellos se las encomienden.

d) Todas son correctas.

38. Señala la respuesta correcta sobre la delegación de las Comunidades Autónomas en las Diputaciones:

a) No es posible.

b) No es posible la delegación, pero sí encomendar a las Diputaciones la gestión ordinaria de servicios propios en los términos previstos en los Estatutos correspondientes.

c) Podrán delegar competencias en las Diputaciones, pero no encomendarlas la gestión ordinaria de servicios propios en los términos previstos en los Estatutos correspondientes.

d) Las Comunidades Autónomas podrán delegar competencias en las Diputaciones, así como encomendar a estas la gestión ordinaria de servicios propios en los términos previstos en los Estatutos correspondientes.

39. Estarán obligados a relacionarse a través de medios electrónicos con las Administraciones Públicas para la realización de cualquier trámite de un procedimiento administrativo:

a) Los empleados de las Administraciones Públicas para cualesquiera trámites y actuaciones que realicen con ellas, en la forma en que se determine reglamentariamente por cada Administración.

b) Las entidades sin personalidad jurídica.

c) Quienes ejerzan una actividad profesional para la que se requiera colegiación obligatoria, para los trámites y actuaciones que realicen con las Administraciones Públicas en ejercicio de dicha actividad profesional. En ningún caso, dentro de este colectivo se entenderán incluidos los notarios y registradores de la propiedad y mercantiles.

d) Todas son correctas.

40. ¿Qué Título de la Ley 39/2015 regula los actos administrativos?

a) I.

b) II.

c) III.
d) IV.

41. El sector público institucional se integra por:

a) Cualesquiera organismos públicos y entidades de derecho público vinculados o dependientes de las Administraciones Públicas.

b) Las entidades de derecho privado vinculadas o dependientes de las Administraciones Públicas, que quedarán sujetas a lo dispuesto en las normas de esta Ley que específicamente se refieran a las mismas, y en todo caso, cuando ejerzan potestades administrativas.

c) Las Universidades públicas, que se regirán por su normativa específica y supletoriamente por las previsiones de esta Ley.

d) Todas son correctas.

42. ¿Cuál de los siguientes no tiene consideración de Administración Pública?

a) Las Entidades que integran la Administración Local.

b) Las Administraciones de las Comunidades Autónomas.

c) Organismos públicos y entidades de derecho público vinculados o dependientes de las Administraciones Públicas.

d) Las Entidades Gestoras de la Seguridad Social.

43. Las Corporaciones de Derecho Público se regirán por:

a) Su normativa específica en el ejercicio de las funciones públicas que les hayan sido atribuidas por Ley o delegadas por una Administración Pública, y supletoriamente por la presente Ley.

a) La presente Ley en el ejercicio de las funciones públicas que les hayan sido atribuidas por Ley o delegadas por una Administración Pública, y supletoriamente por su normativa específica.

a) Su normativa específica, en todo caso.

d) Ninguna es correcta.

44. Indica cuál de las siguientes es una causa modificativa de la capacidad de obrar:

a) La nacionalidad.
b) La edad.
c) La enfermedad.
d) Todas son correctas.

45. Las Administraciones Públicas podrán admitir los sistemas de identificación contemplados en la Ley 39/2015 como sistema de firma cuando permitan acreditar la autenticidad de la expresión de la voluntad y consentimiento de los interesados:

a) En todo caso.
b) Cuando así lo disponga expresamente la normativa reguladora aplicable.

c) Excepcionalmente.
d) En ningún caso.

46. Si un interesado decide interponer un recurso administrativo:

a) La Administración Pública le requerirá para el uso obligatorio de firma electrónica.
b) Se considera un acto de mero trámite y no es necesaria la firma.
c) Se hará en todo caso mediante representación.
d) La Administración Pública le requerirá para el uso obligatorio de firma.

47. Señala la opción incorrecta:

a) Las resoluciones administrativas de carácter particular no podrán vulnerar lo establecido en una disposición de carácter general.
b) No son nulas las resoluciones administrativas que vulneren lo establecido en una disposición reglamentaria.
c) Los actos de las Administraciones Públicas sujetos al Derecho Administrativo serán ejecutivos con arreglo a lo dispuesto en esta Ley.
d) Todas son correctas.

48. ¿Desde cuándo se presumirán válidos y producirán efectos los actos de las Administraciones Públicas sujetos al Derecho Administrativo?

a) Desde la fecha en que se dicten, salvo que en ellos se disponga otra cosa.
b) Siempre desde la fecha en que se dicten.
c) Desde el día siguiente en que se dictaron.
d) Siempre desde el día siguiente en que se dictaron.

49. Excepcionalmente, podrá otorgarse eficacia retroactiva a los actos cuando:

a) Se dicten en sustitución de actos anulados.
b) Cuando produzcan efectos favorables al interesado, siempre que los supuestos de hecho necesarios existieran ya en la fecha a que se retrotraiga la eficacia del acto y esta no lesione derechos o intereses legítimos de otras personas.
c) Ambas son correctas.
d) Ninguna es correcta.

50. ¿Cuándo se hará la notificación por medio de un anuncio publicado en el "Boletín Oficial del Estado"?

a) Cuando los interesados en un procedimiento sean desconocidos.
b) Cuando se ignore el lugar de la notificación.
c) Cuando intentada la notificación, no se hubiese podido practicar.
d) Todas son correctas.

51. Cuando se trate de cuestiones conexas que no hubieran sido planteadas por los interesados, el órgano competente podrá pronunciarse sobre las mismas, poniéndolo antes de manifiesto a aquellos por un plazo:

a) No superior a diez días, para que formulen las alegaciones que estimen pertinentes y aporten, en su caso, los medios de prueba.

b) No superior a quince días, para que formulen las alegaciones que estimen pertinentes y aporten, en su caso, los medios de prueba.

c) No superior a veinte días, para que formulen las alegaciones que estimen pertinentes y aporten, en su caso, los medios de prueba.

d) Ninguna es correcta.

52. Señala la respuesta correcta respecto al cómputo de plazos:

a) Salvo que por Ley o en el Derecho de la Unión Europea se disponga otro cómputo, cuando los plazos se Señalan por horas, se entiende que estas son naturales.

b) Siempre que por Ley o en el Derecho de la Unión Europea no se exprese otro cómputo, cuando los plazos se Señalan por días, se entiende que estos son naturales, incluyéndose en el cómputo los sábados, los domingos y los declarados festivos.

c) Los plazos expresados en días se contarán desde el mismo día en que tenga lugar la notificación o publicación del acto de que se trate, o desde el siguiente a aquel en que se produzca la estimación o la desestimación por silencio administrativo.

d) Cuando un día fuese hábil en el municipio o Comunidad Autónoma en que residiese el interesado, e inhábil en la sede del órgano administrativo, o a la inversa, se considerará inhábil en todo caso.

53. Señala la respuesta incorrecta respecto al cómputo de los plazos:

a) Cuando los plazos se hayan señalado por días naturales por declararlo así una ley o por el Derecho de la Unión Europea, se hará constar esta circunstancia en las correspondientes notificaciones.

b) Cuando el último día del plazo sea inhábil, se entenderá prorrogado al primer día hábil siguiente.

c) Los plazos expresados por horas se contarán de hora en hora y de minuto en minuto desde la hora y minuto en que tenga lugar la notificación o publicación del acto de que se trate y no podrán tener una duración superior a veinticuatro horas, en cuyo caso se expresarán en días.

d) La declaración de un día como hábil o inhábil a efectos de cómputo de plazos determina por sí sola el funcionamiento de los centros de trabajo de las Administraciones Públicas, la organización del tiempo de trabajo así como el régimen de jornada y horarios de las mismas.

54. ¿Qué recurso cabe contra la resolución de un recurso de alzada, según señala el artículo 122 de la Ley 39/2015?

a) Nuevo recurso de alzada.

b) Recurso potestativo de reposición.

c) No cabe otro recurso, salvo el extraordinario de revisión, en los casos establecidos en el artículo 125.1. de la Ley.
d) Ninguna es correcta.

55. El plazo para la interposición del recurso de reposición será, según indica el artículo 124 de la Ley 39/2015, de:

a) Un mes.
b) Dos meses.
c) Tres meses.
d) Seis meses.

56. El plazo máximo para dictar y notificar la resolución del recurso potestativo de reposición, será de:

a) Seis meses.
b) Tres meses.
c) Un año.
d) Un mes.

57. Contra los actos firmes en vía administrativa, señala el artículo 125 de la Ley 39/2015, podrá interponerse el recurso extraordinario de revisión ante el órgano administrativo que los dictó, que también será el competente para su resolución, cuando concurra alguna de las circunstancias siguientes:

a) Que al dictarlos se hubiera incurrido en error de hecho, que resulte de los propios documentos incorporados al expediente.
b) Que aparezcan documentos de valor esencial para la resolución del asunto que, aunque sean posteriores, evidencien el error de la resolución recurrida.
c) Que en la resolución hayan influido esencialmente documentos o testimonios declarados falsos por sentencia judicial firme, anterior o posterior a aquella resolución.
d) Todas son correctas.

58. ¿Qué supuestos se exceptúan de la obligación de resolver, tal y como indica el artículo 121 de la Ley 39/2015?

a) Todos.
b) Supuestos de terminación del procedimiento por pacto o convenio.
c) Casos de prescripción.
d) Casos de caducidad.

59. Según el artículo 97.1. del Real Decreto Legislativo 5/2015, de 30 de octubre, la prescripción de las sanciones impuestas por faltas graves, se producirá:

a) Transcurridos dos años desde la firmeza de la resolución sancionadora.
b) Transcurrido un año desde la notificación al interesado de la resolución sancionadora.

c) Transcurridos dos años desde la fecha en que se cometió la infracción.

d) Transcurrido el mismo tiempo que para las infracciones.

60. La facultad de proveer los puestos de libre designación, según indica el art. 51 del RD 364/1995, corresponde:

a) A los Ministros de los Departamentos de los que dependan y a los Secretarios de Estado en el ámbito de sus competencias.

b) A los Secretarios de Estado, en el ámbito de sus competencias y por delegación a los Subsecretarios.

c) En todo caso, a los Ministros.

d) Habrá que estar a lo dispuesto en el EBEP.

61. En relación al cese del funcionario por libre designación, Indica la opción correcta (art. 58 RD 364/1995):

a) No pueden ser cesados con carácter discrecional.

b) Puede ser un cese arbitrario.

c) La motivación de la resolución se referirá a la competencia para adoptarla.

d) Ninguna es correcta.

62. De acuerdo con el RD 364/1995, de 10 de marzo, respecto a la formalización del cese del actual Jefe de Dependencia en su puesto obtenido por libre designación, el interesado tiene derecho a:

a) Ser adscrito provisionalmente a un puesto correspondiente a su Cuerpo de nivel igual al de su grado personal en el mismo municipio.

b) Ser adscrito definitivamente a un puesto correspondiente a su Cuerpo de nivel igual al de su grado personal en el mismo municipio.

c) Ser adscrito provisionalmente a un puesto correspondiente a su Cuerpo no inferior en más de 2 niveles de su grado personal en el mismo municipio.

d) Ser adscrito definitivamente al puesto de trabajo que ocupaba con anterioridad a su nombramiento en el procedimiento de libre designación.

63. De conformidad con lo dispuesto en el art. 5 de la Ley de Incompatibilidades, el personal incluido en el ámbito de aplicación de la misma, podrá compatibilizar sus actividades con el desempeño de los cargos electivos:

a) Miembros de las Asambleas Legislativas de las CCAA, salvo que perciban retribuciones periódicas por el desempeño de la función o que por las mismas se establezca la incompatibilidad.

b) Miembros de las Corporaciones Locales, salvo que desempeñen en las mismas, cargos retribuidos en régimen de dedicación exclusiva.

c) En los supuestos anteriores lo podrá percibirse la retribución correspondiente a una de las dos actividades, sin perjuicio de las dietas, indemnizaciones o asistencias que correspondan por la otra.

d) Todas son correctas.

64. Será requisito necesario para autorizar la compatibilidad de actividades públicas el que la cantidad total percibida por ambos puestos o actividades no supere la remuneración prevista en los Presupuestos Generales del Estado para el cargo de Director General, ni supere la correspondiente al principal, estimada en régimen de dedicación ordinaria, incrementada en:

a) Un 35% para los funcionarios del grupo A o equivalente.

b) Un 40% para los funcionarios del grupo B o equivalente.

c) Un 45% para los funcionarios del grupo C o equivalente.

d) Ninguna es correcta.

65. La autorización o denegación de compatibilidad a que se refiere el artículo 9 de la Ley de Incompatibilidades para un segundo puesto o actividad pública corresponderá:

a) Al órgano competente donde figure adscrito el puesto principal.

b) Al órgano competente donde figure adscrito el segundo puesto.

c) Es indiferente, ya que corresponderá al órgano competente donde se registre la petición.

d) Ninguna es correcta.

66. Quedan exceptuadas el régimen de incompatibilidades una de las siguientes actividades:

a) La dirección de seminarios o el dictado de cursos o conferencias en Centros oficiales destinados a la formación de funcionarios o profesorado, cuando no tengan carácter permanente o habitual ni supongan más de setenta y cinco horas al año.

b) El ejercicio del cargo de Presidente, Vocal o miembro de Juntas rectoras de Mutualidades o Patronatos de Funcionarios, siempre que sea retribuido.

c) La participación ocasional en coloquios y programas en cualquier medio de comunicación social.

d) Las respuestas a) y c) anteriores son correctas.

67. Los funcionarios de carrera que obtengan destino en otra Administración Pública a través de los procedimientos de movilidad quedarán respecto de su Administración de origen en la situación administrativa de:

a) Servicios especiales.

b) Servicio en otras Administraciones Públicas.

c) Excedencia voluntaria.

d) Excedencia forzosa.

68. En el supuesto de cese del puesto obtenido por libre designación, la Administración de destino, en el plazo máximo de un mes a contar desde el día siguiente al del cese, podrá acordar la adscripción del funcionario a otro puesto de la misma o le comunicará que no va a hacer efectiva dicha adscripción. En todo caso, durante este periodo se entenderá que continúa a todos los efectos en dicha Administración en situación de:

a) Servicio activo.
b) Servicios especiales.
c) Excedencia forzosa.
d) Excedencia voluntaria por interés particular.

69. No podrán ser objeto de aplazamiento o fraccionamiento las siguientes deudas tributarias:

a) Aquellas cuya exacción se realice por medio de efectos timbrados.
b) Las correspondientes a obligaciones tributarias que deban cumplir el retenedor o el obligado a realizar ingresos a cuenta.
c) En caso de concurso del obligado tributario, las que, de acuerdo con la legislación concursal, tengan la consideración de créditos contra la masa.
d) Todas son correctas.

70. Según el apartado 2 del artículo 60 de la Ley General Tributaria, puede admitirse el pago en especie de una deuda tributaria:

a) En todos los tributos, solo en periodo ejecutivo.
b) Solo cuando una ley lo disponga expresamente y en los términos y condiciones previstos reglamentariamente.
c) En periodo ejecutivo, cuando una ley lo disponga expresamente y en los términos y condiciones previstos reglamentariamente.
d) En todos los tributos, tanto en período voluntario como ejecutivo.

71. En relación con el pago de la deuda tributaria:

a) Se entiende pagada en efectivo una deuda tributaria cuando se haya realizado el ingreso de su importe en las cajas de los órganos competentes, oficinas recaudadoras o entidades autorizadas para su admisión.
b) El pago en período voluntario de liquidaciones notificadas entre los días 16 y último de cada mes, deberá hacerse desde la fecha de recepción de la notificación hasta el día cinco del mes posterior o, si este no fuera hábil, hasta el inmediato hábil siguiente.
c) El pago en período voluntario de las deudas de notificación colectiva y periódica que no tengan establecido otro plazo en sus normas reguladoras deberá efectuarse en el período comprendido entre el día 15 de septiembre y el 20 de noviembre o, si este no fuera hábil, hasta el inmediato hábil siguiente.
d) Ninguna es correcta.

72. No es un Impuesto que los Ayuntamientos puedan establecer y exigir libremente conforme el art. 59.2 de la LHL, el...

a) Impuesto sobre Construcciones, Instalaciones y Obras.
b) Impuesto sobre Vehículos de Tracción Mecánica.
c) Impuesto sobre el Incremento de Valor de los Terrenos de Naturaleza Urbana.
d) Todos lo son.

73. Señala de entre los siguientes cuáles son tributos propios de las Entidades Locales de acuerdo con el artículo 2b) del Real Decreto Legislativo 2/2004, de 5 de marzo:

a) Las sanciones en el ámbito de sus competencias y las subvenciones.
b) Las multas y sanciones en el ámbito de sus competencias y los percibidos en concepto de precios públicos.
c) Las contribuciones especiales, las tasas, los impuestos y los recargos exigibles sobre los impuestos de las Comunidades Autónomas o de otras entidades locales.
d) Las sanciones en el ámbito de sus competencias, las subvenciones, las multas y los percibidos en concepto de precios públicos.

74. La base imponible del Impuesto sobre Construcciones, Instalaciones y Obras está constituida por:

a) El coste real de la construcción, instalación y obra.
b) El coste total y efectivo de la construcción, instalación y obra.
c) El coste real y efectivo de la construcción, instalación y obra.
d) El coste bruto de la construcción, instalación y obra.

75. El Impuesto de Actividades Económicas:

a) Es un impuesto cuyo hecho imponible está constituido por el ejercicio de actividades empresariales, profesionales o artísticas en un local determinado y especificadas en las tarifas de este impuesto.
b) Es un tributo directo de carácter real, cuyo hecho imponible está constituido por el mero ejercicio en el territorio nacional de actividades empresariales, profesionales o artísticas.
c) Es un impuesto de carácter real, cuyo hecho imponible está constituido por el ejercicio de actividades empresariales, agrícolas, mineras, ganaderas dependientes, forestales, industriales, comerciales y de servicios, cuya cifra anual de negocios sea superior a un millón de euros.
d) Es un tributo directo, de carácter real cuyo hecho imponible está constituido por el ejercicio de actividades económicas de aquellas empresas que ejercen su actividad dentro del término municipal, siempre y cuando se hallen especificadas en las tarifas de este impuesto.

76. Señalar la respuesta correcta: Están sujetos al impuesto sobre vehículos de tracción mecánica:

a) Los tractores, remolques, semirremolques y maquinaria provistos de Cartilla de Inspección Agrícola.

b) Las ambulancias y demás vehículos directamente destinados a la asistencia sanitaria o al traslado de heridos o enfermos.

c) Los vehículos oficiales del Estado y comunidades autónomas.

d) Los autobuses, microbuses y demás vehículos destinados o adscritos al servicio de transporte público urbano, siempre que tengan una capacidad que no exceda de nueve plazas, incluida la del conductor.

77. De acuerdo con el Real Decreto Legislativo 2/2004, de 5 de marzo, por el que se aprueba el texto refundido de la Ley Reguladora de las Haciendas Locales, los Ayuntamientos exigirán, de acuerdo con esta ley y las disposiciones que la desarrollan, los siguientes impuestos:

a) El Impuesto sobre Bienes Inmuebles, el Impuesto sobre Actividades Económicas y el Impuesto sobre Vehículos de Tracción Mecánica.

b) El Impuesto sobre Construcciones, Instalaciones y Obras y el Impuesto sobre el Incremento de Valor de los Terrenos de Naturaleza Urbana.

c) Con carácter voluntario el Impuesto sobre Bienes Inmuebles, y el Impuesto sobre Vehículos de Tracción Mecánica.

d) Ninguna de las anteriores es correcta.

78. En relación a los precios públicos, y de conformidad con lo dispuesto en el Capítulo VI del Título I del Real Decreto Legislativo 2/2004, de 5 de marzo (artículos 41 a 47), por el que se aprueba el texto refundido de la Ley Reguladora de las Haciendas Locales:

a) No podrán exigirse precios públicos por los servicios de enseñanza en los niveles de formación profesional.

b) En todo caso, el importe de los precios públicos deberá cubrir como mínimo el coste del servicio prestado o de la actividad realizada.

c) Las entidades locales podrán establecer precios públicos por la prestación de servicios o la realización de actividades de la competencia de la entidad local que no sean de solicitud o recepción voluntaria para los administrados y que no se presten por el sector privado.

d) Todas son incorrectas.

79. De acuerdo con el artículo 21 de la Ley 31/1995, de 8 de noviembre de Prevención de Riesgos Laborales, cuando los trabajadores estén o puedan estar expuestos a un riesgo grave e inminente con ocasión de su trabajo, el empresario estará obligado a:

a) Informar lo antes posible a todos los trabajadores afectados acerca de la existencia de dicho riesgo y de las medidas adoptadas o que, en su caso, deban adoptarse en materia de protección.

b) Definir las políticas preventivas oportunas para proteger la salud del trabajador.

c) Contactar con los representantes de los trabajadores para tomar decisiones colegiadas respecto a la situación de riesgo para la salud de los trabajadores.

d) Poner en conocimiento de las autoridades la situación e implementar las medidas que estas estimen oportunas para la protección de los trabajadores.

80. En relación con el artículo 35 de la Ley 31/1995, de 8 de noviembre, de Prevención de Riesgos Laborales, los delegados de prevención serán:

a) Nombrados entre los trabajadores con titulación de técnico de nivel básico

b) Designados por y entre los representantes de los trabajadores.

c) Los designa la empresa para dicha ocupación.

d) Ninguna es correcta.

81. "El conjunto de medios humanos y materiales necesarios para realizar las actividades preventivas a fin de garantizar la adecuada protección de la seguridad y la salud de los trabajadores, asesorando y asistiendo para ello al empresario, a los trabajadores y a sus representantes y a los órganos de representación especializados", a efectos de la Ley 31/1995, es la definición de:

a) Servicio de Salud.

b) Comité de Seguridad y Salud.

c) Servicio de Prevención.

d) Ninguna es correcta.

82. ¿Qué número mínimo de trabajadores debe tener la empresa para constituir un comité de seguridad y salud, según la Ley 31/1995, de 8 de noviembre de Prevención y Riesgos laborales?

a) 40.

b) 50.

c) 60.

d) Ninguna es correcta.

83. El Comité de Seguridad y Salud, previsto en el artículo 38 de la Ley 31/1995 de 8 de noviembre de Prevención de Riesgos Laborales, estará formado por:

a) Los Delegados de Prevención, los empresarios y/o sus representantes en número igual al de los Delegados de Prevención, y los Delegados Sindicales.

b) Los Delegados Sindicales, los empresarios y/o sus representantes en número igual al de los Delegados Sindicales y los Responsables Técnicos de la prevención.

c) Los Delegados de Prevención y por el empresario y/o sus representantes en número igual al de los Delegados de Prevención.

d) Ninguna es correcta.

84. Entre los derechos de las personas en sus relaciones con la Administraciones Públicas está el siguiente:

a) El acceso a la información pública, archivos y registros, de acuerdo con lo previsto en la ley 19/2013, de 9 de diciembre, de transparencia, acceso a la información pública y buen gobierno y el resto del Ordenamiento Jurídico.

b) No se puede acceder a los archivos y registros.

c) Necesitarían para ello la autorización previa del Delegado del Gobierno.

d) El acceso a la información pública incluye incluso el acceso a datos personales de otras personas.

85. Según lo establecido en la Ley 19/2013, de transparencia, acceso a la información pública y buen gobierno: ¿Qué información ha de publicarse de los presupuestos?

a) Los presupuestos, con descripción de las principales partidas presupuestarias e información actualizada y comprensible sobre su estado de ejecución y sobre el cumplimiento de los objetivos de estabilidad presupuestaria y sostenibilidad financiera de las Administraciones Públicas.

b) Un resumen de las principales partidas presupuestarias e información actualizada y comprensible sobre su estado de ejecución y sobre el cumplimiento de los objetivos de endeudamiento de las Administraciones Públicas.

c) Los presupuestos, con descripción de las principales partidas presupuestarias e información actualizada y comprensible sobre su estado de ejecución y sobre el cumplimiento de los objetivos establecidos en los mismos.

d) Ninguna es correcta.

86. Según el artículo 14 de la Ley 19/2013, de transparencia, acceso a la información pública y buen gobierno, en la aplicación de los límites del derecho de acceso ¿qué circunstancia del caso concreto ha de considerarse especialmente?

a) La concurrencia de un interés público o privado superior que justifique el acceso.

b) La concurrencia de un interés público superior que justifique el acceso.

c) La concurrencia de una finalidad que justifique el acceso.

d) Ninguna es correcta.

87. Cuándo se concede el acceso parcial a información pública, ¿es necesario indicar al solicitante la información que se ha omitido?

a) No, no es necesario.

b) No es necesario, aunque conveniente.

c) Sí, en cualquier caso.

d) Ninguna es correcta.

88. Señala la opción correcta en virtud de lo dispuesto en la Ley 19/2013, de 9 de diciembre, de transparencia, acceso a la información pública y buen gobierno:

a) Las administraciones públicas podrán publicar los planes y programas anuales y plurianuales en los que se fijen objetivos concretos, así como las actividades, medios y tiempo previsto para su consecución.

b) Se entiende por publicidad activa, los contenidos o documentos, cualquiera que sea su formato o soporte, que obren en poder de alguno de los sujetos incluidos en el ámbito de aplicación del título I, que hayan sido elaborados o adquiridos en el ejercicio de sus funciones.

c) El derecho de acceso deberá ser limitado, entre otras causas, cuando acceder a la información suponga un perjuicio para la protección del medio ambiente.

d) El Portal de la Transparencia incluirá, en los términos que se establezcan reglamentariamente, la información de la Administración cuyo acceso se solicite con mayor frecuencia.

89. Según el artículo 14.1 de la Ley 19/2013, de 9 de diciembre, de transparencia, acceso a la información pública y buen gobierno, el derecho de acceso podrá ser limitado cuando acceder a la información suponga un perjuicio para: Señala la respuesta incorrecta:

a) La política económica y monetaria.

b) La protección del medio ambiente.

c) El secreto personal.

d) Todas son correctas.

90. En el Capítulo I del Título I: "Transparencia de la actividad pública" de la Ley 19/2013, concretamente en el art. 3, se señala que serán objeto de aplicación de las disposiciones las entidades privadas:

a) En cuyo capital social la participación, directa o indirecta, sea superior al 50 %

b) Que perciban durante el período de un año ayudas o subvenciones públicas en una cuantía superior a 100.000 euros o cuando al menos el 40 % del total de sus ingresos anuales tengan carácter de ayuda o subvención pública, siempre que alcancen como mínimo la cantidad de 5.000 euros.

c) Con personalidad jurídica propia, vinculadas a cualquiera de las Administraciones Públicas o dependientes de ellas.

d) Que tengan atribuidas funciones de regulación o supervisión de carácter externo sobre un determinado sector o actividad.

91. Indica el artículo 15 de la Ley 19/2013, en relación a la protección de datos personales, que si la información solicitada contuviera datos personales que revelen la ideología, afiliación sindical, religión o creencias:

a) El acceso queda prohibido, en todo caso.

b) El acceso únicamente se podrá autorizar en caso de que se cuente con el consentimiento expreso y por escrito del afectado, aunque hubiese hecho manifiestamente públicos los datos con anterioridad a que se solicitase el acceso.

c) Se podrá autorizar el acceso si los datos ya han sido manifiestamente públicos con anterioridad a que se solicite el acceso.

d) Ninguna es correcta.

92. Señala cuál de estas instancias no está legitimada según el artículo 12 de la Ley Orgánica 1/2004, de 28 de diciembre, de medidas de protección integral contra la violencia de género, para ejercitar ante los Tribunales la acción de cesación de publicidad ilícita por utilizar de forma vejatoria la imagen de la mujer:

a) El Ministerio Fiscal.

b) La Delegación Especial del Gobierno contra la Violencia de la Mujer.

c) La Abogacía General del Estado.

d) El Instituto de la Mujer u órgano equivalente de cada Comunidad Autónoma.

93. Señala la afirmación correcta de acuerdo con lo establecido en la Ley Orgánica 3/2007, de 22 de marzo, para la igualdad efectiva de mujeres y hombres, en relación con el Plan de Igualdad en la Administración General del Estado, regulado en el artículo 64 de la Ley Orgánica:

a) El cumplimiento del Plan será evaluado anualmente por el Consejo de Ministros.

b) Se aprobará por los miembros de las Asambleas Legislativas de las CCAA anualmente.

c) No afectará a los Organismos Públicos vinculados o dependientes de la AGE.

d) Se determinará reglamentariamente con carácter bianual.

94. De acuerdo con el artículo 6 de la Ley Orgánica 3/2007, para la igualdad efectiva de mujeres y hombres, la situación en que se encuentra una persona que sea, haya sido o pudiera ser tratada, en atención a su sexo, de manera menos favorable que otra en situación comparable, se considera:

a) Discriminación indirecta.

b) Discriminación directa.

c) Acoso.

d) Acoso por razón de sexo.

95. La Ley Orgánica 3/2007, de 22 de marzo, para la igualdad efectiva de mujeres y hombres, establece en su disposición adicional primera:

a) Se entenderá por composición equilibrada la presencia de hombres y mujeres de forma que, en el conjunto a que se refiera, las personas de cada sexo no superen el 70%.

b) Se entenderá por composición equilibrada la presencia de hombres y mujeres de forma que, en el conjunto a que se refiera, las personas de cada sexo no superen el 55%.

c) Se entenderá por composición equilibrada la presencia de hombres y mujeres de forma que, en el conjunto a que se refiera, las personas de cada sexo no superen el 60%.

d) Ninguna es correcta.

96. Indica la opción correcta, establecidas en la LO 3/2007:

a) Las empresas deberán promover condiciones de trabajo que eviten la comisión de delitos y otras conductas contra la libertad sexual y la integridad moral en el trabajo, incidiendo especialmente en el acoso sexual y el acoso por razón de sexo, excluidos los cometidos en el ámbito digital, establecidos en el artículo 49 de la Ley.

b) Las empresas podrán promover condiciones de trabajo que eviten la comisión de delitos y otras conductas contra la libertad sexual y la integridad moral en el trabajo, incidiendo especialmente en el acoso sexual y el acoso por razón de sexo, incluidos los cometidos en el ámbito digital.

c) Las empresas deberán promover condiciones de trabajo que eviten la comisión de delitos y otras conductas contra la libertad sexual y la integridad moral en el trabajo, incidiendo especialmente en el acoso sexual y el acoso por razón de sexo, incluidos los cometidos en el ámbito digital.

d) Ninguna es correcta.

97. ¿Qué Ley es la Ley del "solo sí es sí"?

a) Ley 10/2022, de 6 de septiembre.
b) Ley Orgánica 10/2022, de 6 de septiembre.
c) Ley Orgánica 1/2022, de 5 de diciembre.
d) Ninguna es correcta.

98. Según lo establecido en el artículo 7 de la Ley Orgánica 3/2007 de 22 de marzo, para la igualdad efectiva de mujeres y hombres, Señala la respuesta incorrecta:

a) Constituye acoso sexual cualquier comportamiento verbal, de naturaleza sexual, que tenga el propósito de atentar contra la dignidad de una persona.

b) Se considerará en todo caso discriminatorio el acoso por razón de sexo.

c) Se considerará también acto de discriminación el condicionamiento de una expectativa de derecho a la aceptación de una situación constitutiva de acoso por razón de sexo.

d) Constituye acoso por razón de sexo cualquier comportamiento realizado en función del sexo de una persona, incluso aunque el propósito no sea el de atentar contra su dignidad ni el de crear un entorno intimidatorio, degradante u ofensivo.

99. Según lo establecido en el artículo 12 de la Ley Orgánica 3/2007 de 22 de marzo, para la igualdad efectiva de mujeres y hombres, Señala la respuesta correcta:

a) La persona acosada será la única que podrá recabar de los tribunales la tutela del derecho a la igualdad entre mujeres y hombres.

b) No se podrá recabar de los tribunales la tutela del derecho a la igualdad entre mujeres y hombres, tras la terminación de la relación en la que supuestamente se ha producido la discriminación.

c) La persona acosada será la única legitimada en los litigios sobre acoso sexual y acoso por razón de sexo.

d) La capacidad y legitimación para intervenir en los procesos civiles, sociales y contencioso-administrativos que versen sobre la defensa de este derecho, corresponde exclusivamente a la persona acosada.

100. Según lo establecido en el artículo 13 de la Ley Orgánica 3/2007 de 22 de marzo, para la igualdad efectiva de mujeres y hombres:

a) De acuerdo con las Leyes procesales, en aquellos procedimientos en los que las alegaciones se fundamenten en actuaciones discriminatorias, por razón de sexo, corresponderá al demandante probar la discriminación en las medidas adoptadas y su proporcionalidad.

b) De acuerdo con las Leyes procesales, en aquellos procedimientos penales interpuestos por actuaciones discriminatorias, por razón de sexo, corresponderá a la persona demandada probar la ausencia de discriminación en las medidas adoptadas y su proporcionalidad.

c) De acuerdo con las Leyes procesales, en aquellos procedimientos en los que las alegaciones de la parte actora se fundamenten en actuaciones discriminatorias, por razón de sexo, corresponderá a la persona demandada probar la ausencia de discriminación en las medidas adoptadas y su proporcionalidad.

d) De acuerdo con las Leyes procesales, en cualquier procedimiento fundamentado en actuaciones discriminatorias, por razón de sexo, corresponderá a los poderes públicos probar la ausencia de discriminación en las medidas adoptadas y su proporcionalidad.

Solución simulacro n.º 7

1. a) El Presidente del Tribunal Supremo, que lo presidirá, y por veinte miembros nombrados por el Rey, por un período de cinco años.

2. d) Las atribuciones del Defensor del Pueblo no se extienden a la actividad de los ministros, autoridades administrativas, funcionarios y cualquier persona que actúe al servicio de las Administraciones públicas.

3. a) Ejercer la función fiscalizadora.

4. d) Son correctas a) y b).

5. c) Tres años.

6. c) Preferencia y sumariedad.

7. c) Por terceras partes cada tres años.

8. b) El Defensor del Pueblo será elegido por las Cortes Generales, por un período de 5 años.

9. b) Sí, en su caso.

10. d) Los Tribunales.

11. c) El Consejo de Estado.

12. a) El Boletín Oficial del Estado número 233, de 27 de septiembre de 2011, reformándose el artículo 135 de la misma.

13. c) Proteger a todos los españoles y pueblos de España en el ejercicio de los derechos humanos, sus culturas y tradiciones, lenguas e instituciones.

14. a) Una política de estabilidad económica.

15. a) Protegiendo, mediante procedimientos eficaces, la seguridad, la salud y los legítimos intereses económicos de los mismos.

16. a) Entrará a ejercer inmediatamente la Regencia, la princesa Leonor.

17. c) Es incompatible con el de todo cargo o representación política.

18. d) El 3 por 100 de los votos válidos emitidos en la circunscripción.

19. b) El Congreso o el Senado, respectivamente.

20. d) En Municipios, Partidos, Provincias y Comunidades Autónomas.

21. d) La Comunidad Autónoma.

22. c) Refrendar, en su caso, los actos del Rey en materia de su competencia.

23. a) El Presidente del Gobierno.

24. b) Por Orden del Ministro respectivo, previa autorización del Ministro de Hacienda.

25. b) Subsecretario.

26. a) Compartidas.

27. d) Todas son correctas.

28. a) El Rey.

29. d) Todas son correctas.

30. d) Administrativas y ejecutivas.

31. c) Esencialmente administrativa.

32. d) Denominación, organización y sede de sus instituciones administrativas.

33. d) Las Islas.

34. c) En la Ley Orgánica del Régimen Electoral General.

35. b) Sí, mediante ley de las Comunidades Autónomas.

36. c) Incluirá en el plan provincial, fórmulas de prestación unificada o supramunicipal para reducir sus costes efectivos.

37. a) Asegurar el acceso de la población de la provincia al conjunto de los servicios mínimos de competencia municipal y a la mayor eficacia y economía en la prestación de estos mediante cualesquiera fórmulas de asistencia y cooperación municipal.

38. d) Las Comunidades Autónomas podrán delegar competencias en las Diputaciones, así como encomendar a estas la gestión ordinaria de servicios propios en los términos previstos en los Estatutos correspondientes.

39. b) Las entidades sin personalidad jurídica.

40. c) III.

41. d) Todas son correctas.

42. d) Las Entidades Gestoras de la Seguridad Social.

43. a) Su normativa específica en el ejercicio de las funciones públicas que les hayan sido atribuidas por Ley o delegadas por una Administración Pública, y supletoriamente por la presente Ley.

44. d) Todas son correctas.

45. b) Cuando así lo disponga expresamente la normativa reguladora aplicable.

46. d) La Administración Pública le requerirá para el uso obligatorio de firma.

47. b) No son nulas las resoluciones administrativas que vulneren lo establecido en una disposición reglamentaria.

48. a) Desde la fecha en que se dicten, salvo que en ellos se disponga otra cosa.

49. c) Ambas son correctas.

50. d) Todas son correctas.

51. b) No superior a quince días, para que formulen las alegaciones que estimen pertinentes y aporten, en su caso, los medios de prueba.

52. d) Cuando un día fuese hábil en el municipio o Comunidad Autónoma en que residiese el interesado, e inhábil en la sede del órgano administrativo, o a la inversa, se considerará inhábil en todo caso.

53. d) La declaración de un día como hábil o inhábil a efectos de cómputo de plazos determina por sí sola el funcionamiento de los centros de trabajo de las Administraciones Públicas, la organización del tiempo de trabajo así como el régimen de jornada y horarios de las mismas.

54. c) No cabe otro recurso, salvo el extraordinario de revisión, en los casos establecidos en el artículo 125.1. de la Ley.

55. a) Un mes.

56. d) Un mes.

57. d) Todas son correctas.

58. b) Supuestos de terminación del procedimiento por pacto o convenio.

59. a) Transcurridos dos años desde la firmeza de la resolución sancionadora.

60. a) A los Ministros de los Departamentos de los que dependan y a los Secretarios de Estado en el ámbito de sus competencias.

61. c) La motivación de la resolución se referirá a la competencia para adoptarla.

62. c) Ser adscrito provisionalmente a un puesto correspondiente a su Cuerpo no inferior en más de 2 niveles de su grado personal en el mismo municipio.

63. d) Todas son correctas.

64. d) Ninguna es correcta.

65. d) Ninguna es correcta.

66. d) Las respuestas a) y c) anteriores son correctas.

67. b) Servicio en otras Administraciones Públicas.

68. a) Servicio activo.

69. d) Todas son correctas.

70. b) Solo cuando una ley lo disponga expresamente y en los términos y condiciones previstos reglamentariamente.

71. a) Se entiende pagada en efectivo una deuda tributaria cuando se haya realizado el ingreso de su importe en las cajas de los órganos competentes, oficinas recaudadoras o entidades autorizadas para su admisión.

72. b) Impuesto sobre Vehículos de Tracción Mecánica.

73. c) Las contribuciones especiales, las tasas, los impuestos y los recargos exigibles sobre los impuestos de las Comunidades Autónomas o de otras entidades locales.

74. c) El coste real y efectivo de la construcción, instalación y obra.

75. b) Es un tributo directo de carácter real, cuyo hecho imponible está constituido por el mero ejercicio en el territorio nacional de actividades empresariales, profesionales o artísticas.

76. d) Los autobuses, microbuses y demás vehículos destinados o adscritos al servicio de transporte público urbano, siempre que tengan una capacidad que no exceda de nueve plazas, incluida la del conductor.

77. a) El Impuesto sobre Bienes Inmuebles, el Impuesto sobre Actividades Económicas y el Impuesto sobre Vehículos de Tracción Mecánica.

78. d) Todas son incorrectas.

79. a) Informar lo antes posible a todos los trabajadores afectados acerca de la existencia de dicho riesgo y de las medidas adoptadas o que, en su caso, deban adoptarse en materia de protección.

80. b) Designados por y entre los representantes de los trabajadores.

81. c) Servicio de Prevención.

82. b) 50.

83. c) Los Delegados de Prevención y por el empresario y/o sus representantes en número igual al de los Delegados de Prevención.

84. a) El acceso a la información pública, archivos y registros, de acuerdo con lo previsto en la ley 19/2013, de 9 de diciembre, de transparencia, acceso a la información pública y buen gobierno y el resto del Ordenamiento Jurídico.

85. a) Los presupuestos, con descripción de las principales partidas presupuestarias e información actualizada y comprensible sobre su estado de ejecución y sobre el cumplimiento de los objetivos de estabilidad presupuestaria y sostenibilidad financiera de las Administraciones Públicas.

86. a) La concurrencia de un interés público o privado superior que justifique el acceso.

87. c) Sí, en cualquier caso.

88. d) El Portal de la Transparencia incluirá, en los términos que se establezcan reglamentariamente, la información de la Administración cuyo acceso se solicite con mayor frecuencia.

89. c) El secreto personal.

90. a) En cuyo capital social la participación, directa o indirecta, sea superior al 50 %

91. c) Se podrá autorizar el acceso si los datos ya han sido manifiestamente públicos con anterioridad a que se solicite el acceso.

92. c) La Abogacía General del Estado.

93. a) El cumplimiento del Plan será evaluado anualmente por el Consejo de Ministros.

94. b) Discriminación directa.

95. c) Se entenderá por composición equilibrada la presencia de hombres y mujeres de forma que, en el conjunto a que se refiera, las personas de cada sexo no superen el 60%.

96. c) Las empresas deberán promover condiciones de trabajo que eviten la comisión de delitos y otras conductas contra la libertad sexual y la integridad moral en el trabajo, incidiendo especialmente en el acoso sexual y el acoso por razón de sexo, incluidos los cometidos en el ámbito digital.

97. b) Ley Orgánica 10/2022, de 6 de septiembre.

98. d) Constituye acoso por razón de sexo cualquier comportamiento realizado en función del sexo de una persona, incluso aunque el propósito no sea el de atentar contra su dignidad ni el de crear un entorno intimidatorio, degradante u ofensivo.

99. c) La persona acosada será la única legitimada en los litigios sobre acoso sexual y acoso por razón de sexo.

100. c) De acuerdo con las Leyes procesales, en aquellos procedimientos en los que las alegaciones de la parte actora se fundamenten en actuaciones discriminatorias, por razón de sexo, corresponderá a la persona demandada probar la ausencia de discriminación en las medidas adoptadas y su proporcionalidad.

SIMULACRO N.º 8

1. ¿De quién emanan los poderes del Estado?

a) De la Monarquía parlamentaria.
b) Del Poder Judicial.
c) Del Gobierno.
d) Del pueblo español.

2. De conformidad con lo establecido en el artículo 9, la Constitución garantiza:

a) La interdicción de la arbitrariedad de los poderes públicos.
b) La igualdad normativa.
c) La irretroactividad de las disposiciones sancionadoras favorables.
d) La irretroactividad de las disposiciones restrictivas de derechos colectivos.

3. ¿Qué confesión tendrá carácter estatal?

a) La católica.
b) España es un Estado aconfesional.
c) La católica, musulmana y hebrea.
d) La cristiana, musulmana y hebrea.

4. En relación a la regulación que la Constitución hace de los derechos de reunión y manifestación, indica la proposición incorrecta:

a) Se reconoce el derecho de reunión pacífica y sin armas. El ejercicio de este derecho no necesitará autorización previa.
b) Las manifestaciones sólo podrán ser prohibidas en virtud de resolución judicial motivada.
c) En los casos de reuniones en lugares de tránsito público se dará comunicación previa a la autoridad.
d) En los casos de manifestaciones se dará comunicación previa a la autoridad.

5. Los poderes públicos mantendrán un régimen público de Seguridad Social para todos los ciudadanos, que garantice la asistencia y prestaciones sociales suficientes ante situaciones de necesidad, especialmente, en caso de:

a) Desempleo.
b) Los menores de edad.

c) Los menores de edad en situación de desamparo.

d) Los trabajadores españoles en el extranjero.

6. Los poderes públicos garantizarán el descanso necesario mediante:

a) La limitación de las vacaciones periódicas retribuidas.

b) La seguridad e higiene en el trabajo.

c) La promoción de centros adecuados.

d) Todas las proposiciones son correctas.

7. En relación con los principios rectores de la política social y económica, indica la proposición incorrecta:

a) Todos tienen el derecho a disfrutar de un medio ambiente adecuado para el desarrollo de la persona, así como el deber de conservarlo.

b) Los poderes públicos promoverán y tutelarán el acceso a la cultura, a la que todos tienen derecho.

c) Los poderes públicos fomentarán la educación sanitaria, la educación física y el deporte. Así mismo facilitarán la adecuada utilización del ocio.

d) Los poderes públicos promoverán las condiciones para la participación libre y eficaz de los adultos en el desarrollo político, social, económico y cultural.

8. ¿Quiénes contribuyen a la defensa y promoción de los intereses económicos y sociales que les son propios?

a) Los sindicatos de trabajadores.

b) Las asociaciones culturales.

c) Los partidos políticos.

d) Son correctas a) y b).

9. ¿A quién corresponde promover las condiciones para que la libertad y la igualdad del individuo y de los grupos en que se integra sean reales y efectivas?

a) A los sindicatos de trabajadores y asociaciones empresariales.

b) A los partidos políticos.

c) A los poderes públicos.

d) A las Fuerzas Armadas.

10. El Rey preside las sesiones del Consejo de Ministros:

a) En ningún caso.

b) Siempre que se lo pida el Presidente del Gobierno.

c) Cuando lo estime oportuno, a petición del Presidente del Gobierno.

d) Previa autorización del propio Consejo.

11. ¿Cuál de los siguientes actos del Rey necesita refrendo?

a) El nombramiento del personal de la Casa Real.
b) La disolución de las Cámaras.
c) La distribución de la cantidad global -que recibe de los Presupuestos del Estado- para el mantenimiento de su familia.
d) Todos ellos.

12. A cada provincia, ¿cuántos Diputados como mínimo les corresponde?

a) Uno.
b) Dos, incluido Ceuta y Melilla.
c) Dos y Ceuta y Melilla, uno.
d) Cuatro.

13. El número de Diputados a elegir en cada circunscripción, de acuerdo con la LOREG (Ley Orgánica del Régimen Electoral General):

a) Se debe especificar por Ley.
b) Debe especificarse en el Decreto de convocatoria.
c) Está regulado en la Constitución Española.
d) Se regula en cada Estatuto de Autonomía.

14. Según la CE, las conclusiones de las Comisiones de Investigación nombradas por el Congreso, el Senado, o por ambas Cámaras, no serán vinculantes para los Tribunales, ni afectarán a las resoluciones judiciales, sin perjuicio de que el resultado de la investigación sea comunicado al:

a) Presidente del Tribunal Supremo.
b) Consejo General del Poder Judicial.
c) Ministerio Fiscal.
d) Congreso de los Diputados.

15. El Vicepresidente del Consejo General del Poder Judicial:

a) Es un cargo facultativo.
b) Existe siempre.
c) No existe como tal órgano.
d) Es nombrado por el Presidente del Tribunal Supremo.

16. ¿Quién controla la potestad reglamentaria y la legalidad de la actuación administrativa?

a) Las Cortes Generales.
b) El Gobierno.

c) El Presidente del Gobierno.

d) Los Tribunales.

17. Los particulares, en los términos establecidos por la ley, tendrán derecho a ser indemnizados por toda lesión que sufran en cualquiera de sus bienes y derechos:

a) Sí, en todo caso.

b) Sí, siempre que la lesión no sea consecuencia del funcionamiento de los servicios públicos.

c) Sí, salvo en los casos de fuerza mayor.

d) Son correctas b) y c).

18. Sobre el estado de alarma, el artículo 116 de la Constitución Española de 1978 en su apartado 2 determina que:

a) El estado de alarma será declarado por el Gobierno mediante decreto acordado en Consejo de Ministros por un plazo máximo de quince días, dando cuenta al Congreso de los Diputados, reunido inmediatamente al efecto y sin cuya autorización no podrá ser prorrogado dicho plazo. El decreto determinará el ámbito territorial a que se extienden los efectos de la declaración.

b) El estado de alarma será declarado por el Gobierno mediante decreto acordado en Consejo de Ministros por un plazo máximo de veinte días, dando cuenta al Congreso de los Diputados, reunido inmediatamente al efecto y sin cuya autorización no podrá ser prorrogado dicho plazo. El decreto determinará el ámbito territorial a que se extienden los efectos de la declaración.

c) El estado de alarma será declarado por el Gobierno mediante decreto acordado en Consejo de Ministros, previa autorización del Congreso de los Diputados. La autorización y proclamación del estado de alarma deberá determinar expresamente los efectos del mismo, el ámbito territorial a que se extiende y su duración, que no podrá exceder de treinta días, prorrogables por otro plazo igual, con los mismos requisitos.

d) El estado de alarma será declarado por el Gobierno mediante decreto acordado en Consejo de Ministros, previa autorización del Congreso de los Diputados.

19. Según el artículo 23 de la Ley 40/2015, de 1 de octubre, de Régimen Jurídico del Sector Público, señala cuál de las siguientes circunstancias no constituye una causa de abstención de las autoridades y del personal al servicio de las Administraciones:

a) Ser administrador de sociedad o entidad interesada en el asunto de que se trate.

b) Tener parentesco de consanguinidad de tercer grado con cualquiera de los interesados.

c) Haber intervenido como perito o como testigo en el procedimiento de que se trate.

d) Haber prestado en los tres últimos años servicios profesionales de cualquier tipo y en cualquier circunstancia o lugar a persona natural o jurídica interesada directamente en el asunto.

20. ¿Cómo ha de ser la fiscalización del Tribunal de Cuentas?

a) Externa.
b) Permanente.
c) Consuntiva.
d) Todas son correctas.

21. La Carta Europea de Autonomía local, respecto de Las competencias encomendadas a las Entidades locales, entiende que:

a) Deben ser normalmente plenas y completas.
b) Deben ser compartidas y completas.
c) Deben ser plenas y parciales.
d) No contempla nada al respecto.

22. Las relaciones entre el ordenamiento estatal y los ordenamientos autonómicos se basan en:

a) El principio de jerarquía.
b) El principio de competencia.
c) Ambos.
d) Principio de solidaridad.

23. ¿Quién conoce de los conflictos en defensa de la autonomía local?

a) Las Cortes Generales.
b) El Congreso de los Diputados.
c) Las Entidades Locales.
d) El Tribunal Constitucional.

24. Podrán dar lugar al planteamiento de los conflictos en defensa de la autonomía local:

a) Solo las normas del Estado con rango de ley.
b) Las normas del Estado con rango de ley o las disposiciones con rango de ley de las Comunidades Autónomas que lesionen la autonomía local constitucionalmente garantizada.
c) Las normas del Estado, Comunidades Autónomas y Entidades Locales.
d) Únicamente las normas con fuerza de Ley.

25. Señala cuál de las siguientes afirmaciones es incorrecta, de acuerdo con el artículo 15 de la LRL:

a) Toda persona que viva en España está obligada a inscribirse en el Padrón del municipio en el que resida habitualmente. Quien viva en varios municipios podrá elegir según su criterio, en cuál de ellos inscribirse.

b) El conjunto de personas inscritas en el Padrón municipal constituye la población del municipio y adquieren la condición de vecino en el mismo momento de su inscripción en el Padrón.

c) Los inscritos en el Padrón municipal son los vecinos del municipio.

d) Todas son incorrectas.

26. La creación o supresión de Municipios, así como la alteración de términos municipales:

a) Se regularán por la legislación de las Comunidades Autónomas sobre régimen local.

b) Se regularán por la legislación estatal básica sobre régimen local.

c) Se regularán por la legislación estatal básica sobre régimen local, y supletoriamente por la legislación de las Comunidades Autónomas.

d) Se establecerán mediante Ordenanza Municipal.

27. Son derechos y deberes de los vecinos (Señala la incorrecta):

a) Utilizar, de acuerdo con su naturaleza, los servicios públicos municipales, y acceder a los aprovechamientos comunales, conforme a las normas aplicables.

b) Ser informado, previa petición razonada, y dirigir solicitudes a la Administración municipal en relación a todos los expedientes y documentación municipal, de acuerdo con lo previsto en el artículo 105 de la Constitución.

c) Contribuir mediante las prestaciones económicas y personales legalmente previstas a la realización de las competencias municipales.

d) Proponer la prestación y, en su caso, el establecimiento del correspondiente servicio público, en el supuesto de constituir una competencia municipal delegada de carácter obligatorio.

28. De los servicios siguientes, cuáles se consideran obligatorios para los municipios con población superior a 20000 habitantes:

a) Evaluación e información de situaciones de necesidad social.

b) Transporte colectivo urbano de viajeros.

c) Medio ambiente urbano.

d) Todas son correctas.

29. La iniciativa para la creación de una comarca podrá partir de los propios municipios interesados, en cualquier caso, no podrá crearse la comarca si a ello se oponen expresamente:

a) Dos terceras partes de los municipios que deberían agruparse en ella.

b) La mitad de los municipios que deberían agruparse en ella.

c) Las dos quintas partes de los municipios que deberían agruparse en ella, siempre que, en este caso, tales municipios representen al menos la mitad del censo electoral del territorio correspondiente.

d) Solo puede partir de la Comunidad Autónoma.

30. De acuerdo con el artículo 42 de la Ley de Bases del Régimen Local, ¿quién puede crear en su territorio comarcas u otras entidades que agrupen varios municipios?

a) Las Comunidades Autónomas, de acuerdo con lo dispuesto en sus respectivos Estatutos.
b) Las provincias, de acuerdo con la Ley de Bases del Régimen Local.
c) Solo las Cortes Generales, mediante Ley orgánica.
d) Las Comunidades Autónomas, previa autorización de las Cortes Generales.

31. Señala la respuesta incorrecta en relación a las Áreas Metropolitanas:

a) Se regulan en el artículo 43 de la Ley 7/1985.
b) Son Entidades Locales integradas por los municipios de grandes aglomeraciones urbanas.
c) En dichos municipios existen vinculaciones culturales que hacen necesaria la planificación conjunta y la coordinación de determinados servicios y obras.
d) No hay ninguna respuesta incorrecta.

32. ¿A quién corresponde la aprobación del presupuesto?

a) Al Pleno municipal, por mayoría absoluta de sus miembros legales.
b) Al Pleno municipal, por mayoría simple de sus miembros legales.
c) Al Pleno municipal, por mayoría simple de los miembros presentes.
d) A la Junta de Gobierno, en el caso de que el pleno no haya logrado la suficiente mayoría para la aprobación del presupuesto, y en algunos casos concretos.

33. Señala cuál de estas respuestas es correcta:

a) El Alcalde aprueba reglamentos y ordenanzas, el pleno aprueba bandos.
b) El Pleno aprueba reglamento, ordenanzas y bandos.
c) El Alcalde aprueba bandos, el pleno aprueba los reglamentos y las ordenanzas.
d) La Junta de Gobierno local aprueba ordenanzas y bandos, el alcalde aprueba reglamentos.

34. La constitución en concejo abierto de los municipios que por su localización geográfica, la mejor gestión de sus intereses municipales u otras circunstancias lo hagan aconsejable, no requiere:

a) Petición de la mayoría de los vecinos.
b) Decisión favorable por mayoría de tres quintos de los miembros del Ayuntamiento.
c) Aprobación por la Comunidad Autónoma.
d) Ninguna es correcta.

35. Señala la respuesta correcta en relación al concejo abierto:

a) Ajustan su funcionamiento a lo establecido en la Ley 7/1985 y las leyes de las Comunidades Autónomas y en su defecto a lo establecido a los usos, costumbres y tradiciones locales.

b) El gobierno y la administración municipales corresponden a un Alcalde y al Secretario.

c) Los Alcaldes de las corporaciones de municipios de menos de 100 residentes podrán convocar a sus vecinos a Concejo Abierto para decisiones de especial trascendencia para el municipio.

d) Todas son correctas.

36. El Estado puede delegar, en las Diputaciones, competencias de mera ejecución cuando el ámbito provincial sea el más idóneo para la prestación de los correspondientes servicios:

a) Siempre.

b) Previa consulta e informe de la Comunidad Autónoma interesada.

c) A petición de la Comunidad Autónoma interesada.

d) No, en ningún caso.

37. En relación a los órganos forales de Álava, Guipúzcoa y Vizcaya, las disposiciones de la Ley 7/1985, les serán de aplicación:

a) Preferentemente.

b) Con carácter supletorio.

c) En ningún caso puesto que conservan su régimen peculiar.

d) En todo caso.

38. Tal y como establece el artículo 41 de la Ley 7/1985, los Consejos Insulares de las Islas Baleares, a los que son de aplicación las normas de esta ley que regulan la organización y funcionamiento de las Diputaciones provinciales, asumen sus competencias:

a) De acuerdo con lo dispuesto en la Ley 7/1985.

b) De acuerdo a las normas que les correspondan de conformidad con el Estatuto de Autonomía de Baleares.

c) De acuerdo a su legislación específica.

d) Son correctas a) y b).

39. Si se advierte la existencia de personas que sean titulares de derechos o intereses legítimos y directos cuya identificación resulte del expediente y que puedan resultar afectados por la resolución que se dicte:

a) Se comunicará a dichas personas la tramitación del procedimiento.

b) Se advertirá durante la instrucción de un procedimiento que haya tenido publicidad.

c) Se advertirá durante la ordenación de un procedimiento que no haya tenido publicidad.

d) Deberán interponer recurso administrativo.

40. La falta o insuficiente acreditación de la representación:

a) No impedirá que se tenga por realizado el acto de que se trate, siempre que se aporte aquella o se subsane el defecto dentro del plazo de quince días que deberá conceder al efecto el órgano administrativo.

b) Se podrá conceder un plazo superior cuando las circunstancias del caso así lo requieran.

c) No impedirá que se tenga por realizado el acto de que se trate, aunque no se aporte aquella.

d) Ninguna es correcta.

41. Indica la opción correcta, establecida en la Ley 39/2015:

a) Las Administraciones Públicas podrán garantizar que los interesados pueden relacionarse con la Administración a través de medios electrónicos.

b) Las Administraciones Públicas asistirán en el uso de medios electrónicos a todos los interesados, especialmente en lo referente a la identificación y firma electrónica, presentación de solicitudes a través del registro electrónico general y obtención de copias auténticas.

c) Si alguno de los interesados no incluidos en los apartados 2 y 3 del artículo 14, no dispone de los medios electrónicos necesarios, su identificación o firma electrónica en el procedimiento administrativo podrá ser válidamente realizada por un funcionario público mediante el uso del sistema de firma electrónica del que esté dotado para ello.

d) Ninguna es correcta.

42. Las Administraciones Públicas solo requerirán a los interesados el uso obligatorio de firma para:

a) Interponer recursos.

b) Desistir de acciones.

c) Renunciar a derechos.

d) Todas son correctas.

43. En el caso de que los interesados optaran por relacionarse con las Administraciones Públicas a través de medios electrónicos, se considerarán válidos a efectos de firma:

a) Sistemas de firma electrónica reconocida o cualificada y avanzada basados en certificados electrónicos reconocidos o cualificados de firma electrónica expedidos por prestadores incluidos en la «Lista de confianza de prestadores de servicios de certificación». A estos efectos, se entienden comprendidos entre los citados certificados electrónicos reconocidos o cualificados los de persona jurídica y de entidad sin personalidad jurídica.

b) Sistemas de sello electrónico reconocido o cualificado y de sello electrónico avanzado basados en certificados electrónicos reconocidos o cualificados de sello electrónico incluidos en la «Lista de confianza de prestadores de servicios de certificación».

c) Cualquier otro sistema que las Administraciones públicas consideren válido en los términos y condiciones que se establezca, siempre que cuenten con un registro previo como usuario que permita garantizar su identidad y previa comunicación a la Secretaría General de Administración Digital del Ministerio de Asuntos Económicos y Transformación Digital.

d) Todas son correctas.

44. La revisión de los actos en vía administrativa se desarrolla en la Ley 39/2015, en su Título:

a) IV.
b) V.
c) VI.
d) VII.

45. Podrán establecerse especialidades del procedimiento referidas a los órganos competentes, plazos propios del concreto procedimiento por razón de la materia, formas de iniciación y terminación, publicación e informes a recabar:

a) En todo caso.
b) Solo mediante ley.
c) Reglamentariamente.
d) En ningún caso.

46. Cuando resulte eficaz, proporcionado y necesario para la consecución de los fines propios del procedimiento, y de manera motivada, podrán incluirse trámites adicionales o distintos a los contemplados en esta Ley:

a) No, no podrán incluirse.
b) Sí, reglamentariamente.
c) Solo mediante ley.
d) Ninguna es correcta.

47. De acuerdo con el artículo 91 de la Ley 39/2015, el plazo máximo para resolver y notificar en el procedimiento para exigir responsabilidad patrimonial a la Administración es de:

a) 3 meses desde que se inició el procedimiento, entendiéndose, a falta de resolución expresa, estimada la reclamación del particular.
b) 6 meses desde que se inició el procedimiento, entendiéndose, a falta de resolución expresa, estimada la reclamación del particular.
c) 3 meses desde que se inició el procedimiento, entendiéndose, a falta de resolución expresa, desestimada la reclamación del particular.
d) 6 meses desde que se inició el procedimiento, entendiéndose, a falta de resolución expresa, desestimada la reclamación del particular.

48. De acuerdo con lo dispuesto en el artículo 96 de la Ley 39/2015, del Procedimiento Administrativo Común de las Administraciones Públicas, señala qué trámite NO forma parte de la tramitación simplificada del procedimiento administrativo común:

a) Subsanación de la solicitud presentada, en su caso.
b) Alegaciones, que podrán ser formuladas en cualquier momento del procedimiento durante el plazo de tres días.

c) Trámite de audiencia, únicamente cuando la resolución vaya a ser desfavorable para el interesado.

d) Dictamen del Consejo de Estado u órgano consultivo equivalente de la Comunidad Autónoma en los casos en que sea preceptivo.

49. El art. 91 de la Ley 39/2015 indica, en relación con los procedimientos de responsabilidad patrimonial, que cuando no fuera preceptivo el dictamen del Consejo de Estado (o, en su caso, del órgano consultivo de la Comunidad Autónoma):

a) El órgano competente elevará la propuesta de acuerdo para su formalización por el interesado y por el órgano administrativo competente para suscribirlo.

b) Inmediatamente antes del trámite de audiencia, el órgano instructor elevará la propuesta de acuerdo para su formalización por el interesado y por el órgano administrativo competente para la resolución definitiva.

c) Una vez finalizado el trámite de audiencia, el órgano competente resolverá o someterá la propuesta de acuerdo para su formalización por el interesado y por el órgano competente para suscribirlo.

d) El órgano competente para resolver emitirá una propuesta que será puesta a disposición del interesado, dándose inicio al trámite de audiencia por un plazo no superior a 15 días.

50. Pondrá fin al procedimiento:

a) La resolución.
b) El desistimiento.
c) La caducidad.
d) Todas son correctas.

51. El órgano instructor resolverá la finalización del procedimiento, con archivo de las actuaciones, sin que sea necesaria la formulación de la propuesta de resolución, cuando en la instrucción procedimiento se ponga de manifiesto que concurre alguna de las siguientes circunstancias:

a) La inexistencia de los hechos que pudieran constituir la infracción.

b) Cuando los hechos no resulten acreditados.

c) Cuando los hechos probados no constituyan, de modo manifiesto, infracción administrativa.

d) Todas son correctas.

52. En los procedimientos sancionadores, cuando la resolución sea ejecutiva, se podrá suspender cautelarmente, si el interesado manifiesta a la Administración su intención de interponer recurso contencioso-administrativo contra la resolución firme en vía administrativa. Dicha suspensión cautelar finalizará cuando:

a) Haya transcurrido el plazo legalmente previsto sin que el interesado haya interpuesto recurso contencioso administrativo en el plazo de un mes.

b) Habiendo el interesado interpuesto recurso contencioso-administrativo: 1.º No se haya solicitado en el mismo trámite la suspensión cautelar de la resolución impugnada; 2.º El órgano judicial se pronuncie sobre la suspensión cautelar solicitada, en los términos previstos en ella.

c) Ambas son correctas.

d) Ninguna es correcta.

53. Señala la respuesta incorrecta sobre el desistimiento y la renuncia:

a) Todo interesado podrá desistir de su solicitud o, cuando ello no esté prohibido por el ordenamiento jurídico, renunciar a sus derechos.

b) Si el escrito de iniciación se hubiera formulado por dos o más interesados, el desistimiento o la renuncia sólo afectará a aquellos que la hubiesen formulado.

c) Tanto el desistimiento como la renuncia podrán hacerse por cualquier medio que permita su constancia, siempre que incorpore las firmas que correspondan de acuerdo con lo previsto en la normativa aplicable.

d) La Administración aceptará de plano el desistimiento o la renuncia, y declarará concluso el procedimiento salvo que, habiéndose personado en el mismo, terceros interesados, instasen estos su continuación en el plazo de quince días desde que fueron notificados del desistimiento o renuncia.

54. Indica la opción correcta, sobre la obligación de resolver (art. 21 Ley 39/2015):

a) El plazo mínimo en el que debe notificarse la resolución expresa será el fijado por la norma reguladora del correspondiente procedimiento.

b) Este plazo podrá exceder de seis meses salvo que una norma con rango de Ley establezca uno mayor o así venga previsto en el Derecho de la Unión Europea.

c) Cuando las normas reguladoras de los procedimientos no fijen el plazo máximo, este será de tres meses.

d) Todas son correctas.

55. El transcurso del plazo máximo legal para resolver un procedimiento y notificar la resolución se podrá suspender en los siguientes casos (art. 22 Ley 39/2015):

a) Cuando deba requerirse a cualquier interesado para la subsanación de deficiencias o la aportación de documentos y otros elementos de juicio necesarios, por el tiempo que medie entre la notificación del requerimiento y su efectivo cumplimiento por el destinatario, o, en su defecto, por el del plazo concedido, todo ello sin perjuicio de lo previsto en el artículo 68 de la presente Ley.

b) Cuando deba obtenerse un pronunciamiento previo y preceptivo de un órgano de la Unión Europea, por el tiempo que medie entre la petición, que habrá de comunicarse a los interesados, y la notificación del pronunciamiento a la Administración instructora, que también deberá serles comunicada.

c) Cuando exista un procedimiento no finalizado en el ámbito de la Unión Europea que condicione directamente el contenido de la resolución de que se trate, desde que se tenga constancia de su existencia, lo que deberá ser comunicado a los interesados, hasta que se resuelva, lo que también habrá de ser notificado.

d) Todas son correctas.

56. ¿Qué recurso cabe contra la ampliación del plazo máximo para resolver y notificar, según señala el artículo 23 de la Ley 39/2015?

a) Ninguno.
b) Contencioso-administrativo.
c) Alzada.
d) Potestativo de reposición.

57. El silencio administrativo tendrá efecto desestimatorio (art. 24 Ley 39/2015):

a) Siempre.
b) En los procedimientos relativos al ejercicio del derecho de huelga.
c) En los procedimientos que impliquen el ejercicio de actividades que puedan dañar el medio ambiente.
d) Son correctas b) y c).

58. En los procedimientos iniciados de oficio, el vencimiento del plazo máximo establecido sin que se haya dictado y notificado resolución expresa no exime a la Administración del cumplimiento de la obligación legal de resolver, produciendo los siguientes efectos:

a) En el caso de procedimientos de los que pudiera derivarse el reconocimiento o, en su caso, la constitución de derechos u otras situaciones jurídicas favorables, los interesados que hubieren comparecido podrán entender estimadas sus pretensiones por silencio administrativo.

b) En los procedimientos en que la Administración ejercite potestades sancionadoras o, en general, de intervención, susceptibles de producir efectos desfavorables o de gravamen, se producirá la caducidad. En estos casos, la resolución que declare la caducidad ordenará el archivo de las actuaciones, con los efectos previstos en el artículo 95.

c) Ambas son correctas.
d) Ninguna es correcta.

59. ¿De qué fecha es el Estatuto Básico del Empleado Público?

a) 5 de marzo de 2015.
b) 30 de octubre de 2015.
c) 22 de marzo de 2007.
d) 23 de septiembre de 2015.

60. Establece el artículo 12 del Real Decreto Legislativo 5/2015, de 30 de octubre, por el que se aprueba el Texto Refundido de la Ley del Estatuto Básico del Empleado Público (en adelante EBEP), que al personal eventual le será aplicable:

a) El régimen general de los funcionarios de carrera en lo que sea adecuado a la naturaleza de su condición.

b) El régimen general de los funcionarios interinos.

c) El régimen general del personal directivo en lo que sea adecuado a la naturaleza de su condición.

d) Ninguna es correcta.

61. El EBEP, refleja los siguientes fundamentos de actuación. Señala la respuesta incorrecta:

a) Eficiencia en la planificación y gestión de los recursos humanos.

b) Desarrollo y cualificación profesional permanente de los empleados públicos.

c) Transparencia.

d) Evaluación y responsabilidad en la gestión.

62. En la aplicación del EBEP al personal de investigación:

a) Se regirán por la legislación específica dictada por el Estado.

b) Se regirán por la legislación específica dictada por las CCAA.

c) Se podrán dictar normas singulares para adecuarlo a sus peculiaridades.

d) Ninguna es correcta.

63. Señala la respuesta correcta relativa a los funcionarios interinos:

a) El personal interino cuya designación sea consecuencia de la ejecución de programas de carácter temporal o del exceso o acumulación de tareas por plazo máximo de seis meses, dentro de un período de doce meses, deberá prestar los servicios que se le encomienden en la unidad administrativa en la que se produzca su nombramiento o en otras unidades administrativas en las que desempeñe funciones análogas, siempre que, respectivamente, dichas unidades participen en el ámbito de aplicación del citado programa de carácter temporal, con el límite de duración señalado en este artículo, o estén afectadas por la mencionada acumulación de tareas.

b) Se regulan en el artículo 9

c) A los funcionarios interinos no les será aplicable, en cuanto sea adecuado a la naturaleza de su condición, el régimen general de los funcionarios de carrera.

d) El cese de los funcionarios interinos se producirá, además de por las causas previstas en el artículo 63, cuando finalice la causa que dio lugar a su nombramiento.

64. Un Presidente de una Corporación decide nombrar a un asesor, con carácter no permanente, para funciones expresamente calificadas como de confianza o asesoramiento especial, siendo retribuido con cargo a los créditos presupuestarios consignados para este fin. Si este Presidente, cesa, ¿qué ocurre con el asesor?

a) No va ligado al cese de la autoridad para la que presta la función de confianza o asesoramiento.

b) Cesa cuando se produzca el cese del Presidente.

c) Cesa si así lo decide el Presidente.

d) Habrá que estar a lo dispuesto reglamentariamente.

65. Señala la respuesta incorrecta, en relación al personal directivo:

a) Es personal directivo el que desarrolla funciones directivas profesionales en las Administraciones Públicas, definidas como tales en las normas específicas de cada Administración.

b) Su designación atenderá a principios de igualdad, mérito y capacidad, y se llevará a cabo mediante procedimientos que garanticen la publicidad y concurrencia.

c) El personal directivo estará sujeto a evaluación con arreglo a los criterios de eficacia y eficiencia, responsabilidad por su gestión y control de resultados en relación con los objetivos que les hayan sido fijados.

d) La determinación de las condiciones de empleo del personal directivo no tendrá la consideración de materia objeto de negociación colectiva a los efectos de esta ley. Cuando el personal directivo reúna la condición de personal laboral estará sometido a la relación laboral de carácter especial de alta dirección.

66. Los empleados públicos tienen los siguientes derechos de carácter individual en correspondencia con la naturaleza jurídica de su relación de servicio. Señala la respuesta incorrecta:

a) A la movilidad en la condición de funcionario de carrera.

b) Al desempeño efectivo de las funciones o tareas propias de su condición profesional y de acuerdo con la progresión alcanzada en su carrera profesional.

c) A la progresión en la carrera profesional y promoción interna según principios constitucionales de igualdad, mérito y capacidad mediante la implantación de sistemas objetivos y transparentes de evaluación.

d) Todas son correctas.

67. ¿Qué modalidad consiste en la progresión de grado, categoría, escalón u otros conceptos análogos, sin necesidad de cambiar de puesto de trabajo y de conformidad con lo establecido en la letra b) del art. 17 y en el apartado 3 del art. 20 de este Estatuto?

a) Carrera vertical.

b) Carrera horizontal.

c) Promoción interna vertical.

d) Promoción interna horizontal.

68. Las leyes de Función Pública que se dicten en desarrollo del presente Estatuto podrán regular la carrera horizontal de los funcionarios de carrera, pudiendo aplicar, entre otras, las siguientes reglas:

a) Se articulará un sistema de grados, categorías o escalones de ascenso fijándose la remuneración a cada uno de ellos. Los ascensos serán consecutivos con carácter general, salvo en aquellos supuestos excepcionales en los que se prevea otra posibilidad.

b) Se podrá valorar la trayectoria o actuación profesional, la calidad de los trabajos realizados, los conocimientos adquiridos y el resultado de la evaluación del desempeño. Podrán incluirse asimismo otros méritos y aptitudes por razón de la especificidad de la función desarrollada y la experiencia adquirida.

c) Ambas son correctas.

d) Ninguna es correcta.

69. Están exentos del pago del Impuesto de Bienes Inmuebles en todo caso, sin necesidad de su solicitud previa, los siguientes inmuebles:

a) Las zonas arqueológicas, incluidas como objeto de especial protección en el instrumento de planeamiento urbanístico.

b) Los declarados expresa e individualizadamente monumento o jardín histórico de interés cultural.

c) Los de la Cruz Roja Española.

d) Los centros sanitarios de titularidad pública, siempre y cuando estén directamente afectados al cumplimiento de los fines específicos de los referidos centros.

70. Los vehículos oficiales del Estado, Comunidades autónomas y entidades locales adscritos a la defensa nacional o la seguridad ciudadana, estarán respecto al Impuesto sobre vehículos de tracción mecánica:

a) Exentos.

b) No sujetos.

c) O tributan.

d) Gozan de bonificaciones.

71. Para la ocupación de terrenos de uso público local con mesas y sillas con finalidad lucrativa las entidades locales podrán establecer:

a) Una tasa.

b) Un precio público.

c) Una contribución especial.

d) Un impuesto.

72. ¿Cuál de las siguientes afirmaciones referidas a las tasas y precios públicos es correcta?

a) El precio público es un ingreso de carácter tributario y la tasa no.

b) Tanto tasa como precio público son ingresos de carácter tributario.

c) La tasa es un ingreso de carácter tributario y el precio público no.

d) Ninguna es correcta.

73. El IAE es un impuesto de gestión compartida en el que, en defecto de delegaciones u otros acuerdos de colaboración y por lo que se refiere a las cuotas municipales:

a) La gestión tributaria y la inspección corresponden a los Ayuntamientos y la gestión censal a la Administración del Estado.

b) La inspección corresponde a los Ayuntamientos y la gestión tributaria y la gestión censal a la Administración del Estado.

c) La gestión censal corresponde a los Ayuntamientos y la gestión tributaria e inspección a la Administración del Estado.

d) La gestión tributaria corresponde a los Ayuntamientos y la gestión censal y la inspección a la Administración del Estado.

74. Según el Real Decreto Legislativo 2/2004 por el que se aprueba el Texto Refundido de la Ley Reguladora de las Haciendas Locales, ¿las entidades locales NO pueden exigir tasas?

a) El aprovechamiento especial del dominio público local.

b) La utilización privativa del dominio público local.

c) La prestación de servicios de competencia local que afecte especialmente a los sujetos pasivos.

d) Enseñanza en los niveles de educación obligatoria.

75. En relación a las Ordenanzas Fiscales, de acuerdo con lo previsto en el artículo 15 y siguientes del Real Decreto Legislativo 2/2004, de 5 de marzo, por el que se aprueba el texto refundido de la Ley Reguladora de las Haciendas Locales:

a) Una entidad local con una población de 20.000 habitantes, deberá editar el texto íntegro de las ordenanzas fiscales reguladoras de sus tributos dentro del primer cuatrimestre del ejercicio económico correspondiente.

b) En relación al Impuesto sobre Vehículos de Tracción Mecánica, las entidades locales deberán acordar su imposición y aprobar la correspondiente ordenanza fiscal reguladora.

c) Si por resolución judicial firme resultaren anulados o modificados los acuerdos locales o el texto de las ordenanzas fiscales, la entidad local vendrá obligada a adecuar a los términos de la sentencia todas las actuaciones que lleve a cabo con posterioridad a la fecha en que aquella sea acordada.

d) Todas son incorrectas.

76. ¿Cuándo entra en vigor la Ordenanza Fiscal Reguladora de un Impuesto?

a) Cuando se publique, únicamente, el texto íntegro de la ordenanza en el boletín oficial de la provincia o, en su caso, de la comunidad autónoma uniprovincial.

b) Cuando se publique el acuerdo definitivo y el texto íntegro de la ordenanza en el boletín oficial de la provincia o, en su caso, de la comunidad autónoma uniprovincial.

c) Cuando se publique la ordenanza y el acuerdo correspondiente a la misma en el boletín oficial de la provincia y transcurra el plazo de 15 días hábiles.

d) Cuando se publique, únicamente, la ordenanza en el boletín oficial de la provincia y transcurra el plazo de 15 días hábiles.

77. Una vez aprobada definitivamente la Ordenanza Fiscal Reguladora del Impuesto sobre Bienes Inmuebles, contra la misma que recurso se puede interponer:

a) Recurso contencioso-administrativo.
b) Recurso potestativo de reposición.
c) Recurso de alzada.
d) Recurso extraordinario de revisión.

78. La Ordenanza Fiscal aprobada, contendrá:

a) Fecha de su aprobación.
b) Comienzo de su aplicación.
c) Elementos necesarios para la determinación de las cuotas tributarias del impuesto.
d) Todas son correctas.

79. Según lo dispuesto en el artículo 17 de la Ley 31/1995, de 8 de noviembre, de prevención de riesgos laborales, el empresario deberá proporcionar a sus trabajadores equipos de protección individual adecuados para el desempeño de sus funciones. ¿Quién deberá velar por el uso efectivo de los mismos cuando, por la naturaleza de los trabajos realizados, sean necesarios?

a) El comité de empresa.
b) Los delegados de prevención.
c) El trabajador, ya que es este el que lo utiliza.
d) El empresario.

80. Según el artículo 2 de la Ley 31/1995, de 8 de noviembre, de prevención de riesgos laborales, las disposiciones de carácter laboral contenidas en la Ley de prevención de riesgos laborales y en sus normas reglamentarias tendrán en todo caso el carácter de:

a) Derecho necesario mínimo indispensable, pudiendo ser mejoradas y desarrolladas en los convenios colectivos.
b) Derecho necesario mínimo indisponible, pudiendo ser mejoradas y desarrolladas en los convenios colectivos.
c) Derecho necesario mínimo indispensable, no pudiendo ser mejoradas y desarrolladas en los convenios colectivos.
d) Derecho necesario mínimo indisponible, no pudiendo ser mejoradas y desarrolladas en los convenios colectivos.

81. Según el artículo 4 de la Ley 31/1995, de 8 de noviembre, de prevención de riesgos laborales, cualquier característica del puesto de trabajo que pueda tener una influencia significativa en la generación de riesgos para la seguridad y la salud del trabajador, se entenderá como:

a) Condición de trabajo.
b) Riesgo potencial.
c) Peligro potencial.
d) Riesgo laboral grave e inminente.

82. El art. 28.1 de la Ley 31/1995, de Prevención de Riesgos Laborales, establece que un trabajador contratado por empresas de trabajo temporal:

a) Deberá disfrutar del mismo nivel de protección sólo en materia de seguridad que los restantes trabajadores.
b) Deberá disfrutar del mismo nivel de protección sólo en materia de salud que los restantes trabajadores.
c) Deberá disfrutar del mismo nivel de protección en materia de seguridad y salud que los restantes trabajadores.
d) Deberá disfrutar del mismo nivel de protección en materia de seguridad o salud, a su criterio.

83. De entre los principios de la acción preventiva regulados en el art. 15 de la Ley 31/1995, de Prevención de Riesgos Laborales, no se encuentra:

a) Evaluar los riesgos que no se puedan evitar.
b) El coste de las medidas relativas a la seguridad y la salud en el trabajo, no deberá recaer en modo alguno sobre los trabajadores.
c) Evitar los riesgos.
d) Tener en cuenta la evolución de la técnica.

84. Según el artículo 7 de la Ley 19/2013, de 9 de diciembre, de transparencia, acceso a la información pública y buen gobierno, relativo a la información de relevancia jurídica:

a) Las Administraciones Públicas, en el ámbito de sus competencias, publicarán los proyectos de Reglamento cuya iniciativa les corresponda.
b) Las Administraciones Públicas, en el ámbito de sus competencias, no publicarán los proyectos de Reglamento cuya iniciativa les corresponda.
c) Las Administraciones Públicas, en el ámbito de sus competencias, no podrán publicar los Anteproyectos de Ley hasta su aprobación.
d) Las Administraciones Públicas no podrán publicar los proyectos de Decretos Legislativos cuando se soliciten los dictámenes a los órganos consultivos.

85. El ámbito subjetivo de aplicación de la Ley 19/2013, de 9 de diciembre, de transparencia, acceso a la información pública y buen gobierno se aplicará a:

a) Las Corporaciones de Derecho Público en el ejercicio de sus actividades en régimen de Derecho Privado.

b) Las entidades privadas que perciban durante el periodo de un año ayudas o subvenciones públicas en una cuantía superior a 150.000 euros o cuando menos el 50% del total de sus ingresos anuales tengan carácter de ayuda o subvención pública, siempre que alcancen como mínimo la cantidad de 5.000 euros.

c) La Casa de Su Majestad el Rey en relación con sus actividades sujetas a Derecho Administrativo.

d) Todas son correctas.

86. En virtud de lo dispuesto en la Ley 19/2013, de 9 de diciembre, de transparencia, acceso a la información pública y buen gobierno, NO es cierto que:

a) Las administraciones públicas publicarán los planes y programas anuales y plurianuales en los que se fijen objetivos concretos, así como las actividades, medios y tiempo previsto para su consecución.

b) El derecho de acceso podrá ser limitado, entre otras causas, cuando acceder a la información suponga un perjuicio para la protección del medio ambiente.

c) El Portal de la Transparencia incluirá, en todo caso, la información de la Administración cuyo acceso se solicite con mayor frecuencia.

d) Se entiende por información pública los contenidos o documentos, cualquiera que sea su formato o soporte, que obren en poder de alguno de los sujetos incluidos en el ámbito de aplicación del título I, que hayan sido elaborados o adquiridos en el ejercicio de sus funciones.

87. ¿Cuál es el objeto de la Ley 19/2013 de Transparencia, según indica su artículo 1?

a) Ampliar y reforzar la transparencia de la información pública, regular y garantizar el derecho de acceso a la información pública y establecer las obligaciones de buen gobierno de los responsables públicos.

b) Ampliar y promover la transparencia de la actividad pública, el derecho de acceso a la información pública y la participación ciudadana, así como establecer las obligaciones de buen gobierno que deben cumplir los responsables públicos, así como las consecuencias derivadas de su incumplimiento.

c) Ampliar y mejorar la transparencia de la actividad pública, regular y garantizar el derecho de acceso a la información pública y privada, así como establecer las obligaciones de buen gobierno que deben cumplir los responsables públicos, así como las consecuencias derivadas de su incumplimiento.

d) Ampliar y reforzar la transparencia de la actividad pública, regular y garantizar el derecho de acceso a la información pública y establecer las obligaciones de buen gobierno que deben cumplir los responsables públicos, así como las consecuencias derivadas de su incumplimiento.

88. Señala la opción incorrecta en virtud de lo dispuesto en la Ley 19/2013, de 9 de diciembre, de transparencia, acceso a la información pública y buen gobierno:

a) Las administraciones públicas publicarán los planes y programas anuales y plurianuales en los que se fijen objetivos concretos, así como las actividades, medios y tiempo previsto para su consecución.

b) Se entiende por información pública los contenidos o documentos, cualquiera que sea su formato o soporte, que obren en poder de alguno de los sujetos incluidos en el ámbito de aplicación del título I, que hayan sido elaborados o adquiridos en el ejercicio de sus funciones.

c) El derecho de acceso podrá ser limitado, entre otras causas, cuando acceder a la información suponga un perjuicio para la protección del medio ambiente.

d) El Portal de la Transparencia incluirá, en los términos establecidos por una norma de rango europea, la información de la Administración cuyo acceso se solicite con mayor frecuencia.

89. El objetivo de transparencia perseguido por la Ley 19/2013, de 9 de diciembre, de acceso a la información pública y buen gobierno se cumpliría con la identificación de los firmantes de un convenio:

a) Con la supresión de la totalidad de las firmas manuscritas del documento siempre y cuando conste en el documento publicado algún tipo de mención que ponga de manifiesto que el original ha sido efectivamente firmado.

b) Con la identificación del DNI y de la firma manuscrita porque tienen la consideración de dato especialmente protegido.

c) Con la identificación del DNI y de la firma manuscrita porque tienen la consideración de dato meramente identificativo.

d) Todas las anteriores son correctas.

90. ¿Resulta de aplicación la Ley 19/2013, de 9 de diciembre, de Transparencia, Acceso a la Información Pública y Buen Gobierno, a las corporaciones de Derecho Público?

a) Sí.

b) No.

c) Sí, en lo relativo a sus actividades sujetas a Derecho Administrativo.

d) La ley no menciona a las corporaciones de Derecho Público.

91. Según indica la Ley de Transparencia, si la solicitud se refiere a información que no obre en poder del sujeto al que se dirige:

a) Este la remitirá al competente, si lo conociera, e informará de esta circunstancia al solicitante.

b) Este la remitirá al competente, si lo conociera, sin ser necesario informar de esta circunstancia al solicitante.

c) Este la remitirá al competente, en todo caso, e informará de esta circunstancia al solicitante.

d) Este la remitirá al competente, si lo conociera, e informará de esta circunstancia al solicitante y al órgano superior competente.

92. Según la LO 1/2004, de 28 de diciembre, la acreditación de las situaciones de violencia de género que den lugar al reconocimiento de los derechos laborales y de prestaciones sociales reconocidas en el Capítulo II de la LO 1/2004, de 28 de diciembre, se realizará con:

a) La sentencia judicial que declare la situación de la víctima, o excepcionalmente, con el informe de las Fuerzas y Cuerpos de Seguridad del Estado.

b) El certificado médico que acredite la situación de la víctima.

c) La presentación de la denuncia ante las Fuerzas y Cuerpos de Seguridad del Estado, acompañada del informe del Ministerio Fiscal.

d) La orden de protección a favor de la víctima y, excepcionalmente, con informe del Ministerio Fiscal.

93. Según el artículo 2 de la Ley Orgánica 1/2004, de Medidas de Protección Integral contra la Violencia de Género, entre los principios rectores de esta Ley se encuentra:

a) Fortalecer el marco penal y procesal vigente para asegurar una protección integral, desde las instancias jurisdiccionales, a las víctimas de violencia de género.

b) Aumentar progresivamente el número de mujeres en los colectivos profesionales que intervienen en el proceso de información, atención y protección a las víctimas.

c) Ambas respuestas son principios rectores de la Ley Orgánica 1/2004.

d) Ninguna es correcta.

94. Respecto al ámbito de aplicación de la Ley Orgánica 3/2007, para la igualdad efectiva de mujeres y hombres, se establece que las obligaciones establecidas en dicha Ley serán de aplicación a:

a) Toda persona, física o jurídica, que se encuentre o actúe en territorio español, con nacionalidad de cualquier estado miembro de la Unión Europea, con domicilio y residencia únicamente en territorio español.

b) Toda persona, física o jurídica, que se encuentre o actúe en territorio español, cualquiera que fuese su nacionalidad, domicilio o residencia.

c) Toda persona física, que se encuentre o actúe en territorio español, siempre que tengan nacionalidad, domicilio o residencia de la Unión Europea.

d) Ninguna es correcta.

95. El artículo 2.1 de la Ley Orgánica 3/2007, para la igualdad efectiva de mujeres y hombres, establece que:

a) Las personas con residencia legal en España son iguales ante la ley, sin que pueda prevalecer discriminación alguna por razón de nacimiento, raza, opinión o religión.

b) Todas las personas gozarán de los derechos derivados del principio de igualdad de trato y de la prohibición de discriminación por razón de sexo.

c) Los poderes públicos promoverán la igualdad efectiva de mujeres y hombres en las Administraciones Públicas.

d) Todas son correctas.

96. En el Título Preliminar de la Ley Orgánica 3/2007, para la igualdad efectiva de mujeres y hombres, se fija como objeto de esta Ley:

a) Incentivar la presencia de mujeres en puestos directivos de la Administración Pública, tanto estatal, como autonómica, quedando a expensas de una futura regulación específica la Administración Local.

b) Hacer efectivo el derecho de igualdad de trato y de oportunidades entre mujeres y hombres, en particular mediante la eliminación de la discriminación de la mujer, sea cual fuere su circunstancia o condición.

c) Ambas respuestas son correctas y figuran como objeto de esta Ley en su Título Preliminar.

d) Ninguna es correcta.

97. De acuerdo con el artículo 27.3 de la Ley Orgánica 3/2007, para la igualdad efectiva de mujeres y hombres, las Administraciones Públicas, a través de sus Servicios de Salud y de los órganos competentes en cada caso, desarrollarán, de acuerdo con el principio de igualdad de oportunidades, las siguientes actuaciones para la integración del principio de igualdad en la política de salud:

a) La obtención y el tratamiento de los datos contenidos en registros, encuestas, estadísticas y otros sistemas de información, sin desagregar por sexo en todo caso, de acuerdo con la Ley de Protección de Datos.

b) El establecimiento de medidas educativas destinadas al reconocimiento y enseñanza del papel de las mujeres en la Historia.

c) La consideración, dentro de la protección, promoción y mejora de la salud laboral, del acoso sexual y el acoso por razón de sexo.

d) Todas son correctas.

98. Ley Orgánica que regula la igualdad efectiva de mujeres y hombres es la:

a) Ley Orgánica 1/2004, de 28 de diciembre.
b) Ley Orgánica 3/2007, de 22 de marzo.
c) Ley Orgánica 4/2001, de 18 de diciembre.
d) Ley Orgánica 23/1998, de 7 de julio.

99. El Plan Estratégico de Igualdad de Oportunidades de la Ley Orgánica 3/2007, de 22 de marzo, para la igualdad efectiva de mujeres y hombres viene recogido en su artículo:

a) Art. 17.
b) Art. 43.

c) Art. 26.

d) Ninguna es correcta.

100. La Ley Orgánica 3/2007, de 22 de marzo, para la igualdad efectiva de mujeres y hombres, incorpora a nuestro ordenamiento jurídico las directivas:

a) Directiva 2003/74/CE, de reforma de la Directiva 76/207/CEE, relativa a la aplicación del principio de igualdad de trato entre hombre y mujeres en lo que se refiere al acceso al empleo, a la formación y a la promoción profesionales, y Directiva 2004/113/CE, sobre aplicación del principio de igualdad de trato entre hombres y mujeres en el acceso de bienes y servicios y suministros.

b) Directiva 2002/73/CE, de reforma de la Directiva 76/207/CEE, relativa a la aplicación del principio de igualdad de trato entre hombre y mujeres en lo que se refiere al acceso al empleo, a la formación y a la promoción profesionales y las condiciones de trabajo, y Directiva 2004/113/CE, sobre aplicación del principio de igualdad de trato entre hombres y mujeres en el acceso a bienes y servicios y suministros.

c) Directiva 2003/74/CE, de reforma de la Directiva 76/207/CEE, relativa a la aplicación del principio de igualdad de trato entre hombre y mujeres en lo que se refiere al acceso al empleo, a la formación y a la promoción profesionales, y Directiva 2005/116/CE, sobre aplicación del principio de igualdad de trato entre hombres y mujeres en el acceso de bienes y servicios y suministros.

d) Ninguna es correcta.

Solución simulacro n.º 8

1. d) Del pueblo español.

2. a) La interdicción de la arbitrariedad de los poderes públicos.

3. b) España es un Estado aconfesional.

4. b) Las manifestaciones sólo podrán ser prohibidas en virtud de resolución judicial motivada.

5. a) Desempleo.

6. c) La promoción de centros adecuados.

7. d) Los poderes públicos promoverán las condiciones para la participación libre y eficaz de los adultos en el desarrollo político, social, económico y cultural.

8. a) Los sindicatos de trabajadores.

9. c) A los poderes públicos.

10. c) Cuando lo estime oportuno, a petición del Presidente del Gobierno.

11. b) La disolución de las Cámaras.

12. c) Dos y Ceuta y Melilla, uno.

13. b) Debe especificarse en el Decreto de convocatoria.

14. c) Ministerio Fiscal.

15. c) No existe como tal órgano.

16. d) Los Tribunales.

17. c) Sí, salvo en los casos de fuerza mayor.

18. a) El estado de alarma será declarado por el Gobierno mediante decreto acordado en Consejo de Ministros por un plazo máximo de quince días, dando cuenta al Congreso de los Diputados, reunido inmediatamente al efecto y sin cuya autorización no podrá ser prorrogado dicho plazo. El decreto determinará el ámbito territorial a que se extienden los efectos de la declaración.

19. d) Haber prestado en los tres últimos años servicios profesionales de cualquier tipo y en cualquier circunstancia o lugar a persona natural o jurídica interesada directamente en el asunto.

20. d) Todas son correctas.

21. a) Deben ser normalmente plenas y completas.

22. b) El principio de competencia.

23. d) El Tribunal Constitucional.

24. b) Las normas del Estado con rango de ley o las disposiciones con rango de ley de las Comunidades Autónomas que lesionen la autonomía local constitucionalmente garantizada.

25. a) Toda persona que viva en España está obligada a inscribirse en el Padrón del municipio en el que resida habitualmente. Quien viva en varios municipios podrá elegir según su criterio, en cuál de ellos inscribirse.

26. a) Se regularán por la legislación de las Comunidades Autónomas sobre régimen local.

27. d) Proponer la prestación y, en su caso, el establecimiento del correspondiente servicio público, en el supuesto de constituir una competencia municipal delegada de carácter obligatorio.

28. a) Evaluación e información de situaciones de necesidad social.

29. c) Las dos quintas partes de los municipios que deberían agruparse en ella, siempre que, en este caso, tales municipios representen al menos la mitad del censo electoral del territorio correspondiente.

30. a) Las Comunidades Autónomas, de acuerdo con lo dispuesto en sus respectivos Estatutos.

31. c) En dichos municipios existen vinculaciones culturales que hacen necesaria la planificación conjunta y la coordinación de determinados servicios y obras.

32. b) Al Pleno municipal, por mayoría simple de sus miembros legales.

33. c) El Alcalde aprueba bandos, el pleno aprueba los reglamentos y las ordenanzas.

34. b) Decisión favorable por mayoría de tres quintos de los miembros del Ayuntamiento.

35. c) Los Alcaldes de las corporaciones de municipios de menos de 100 residentes podrán convocar a sus vecinos a Concejo Abierto para decisiones de especial trascendencia para el municipio.

36. b) Previa consulta e informe de la Comunidad Autónoma interesada.

37. b) Con carácter supletorio.

38. d) Son correctas a) y b).

39. a) Se comunicará a dichas personas la tramitación del procedimiento.

40. b) Se podrá conceder un plazo superior cuando las circunstancias del caso así lo requieran.

41. c) Si alguno de los interesados no incluidos en los apartados 2 y 3 del artículo 14, no dispone de los medios electrónicos necesarios, su identificación o firma electrónica en el procedimiento administrativo podrá ser válidamente realizada por un funcionario público mediante el uso del sistema de firma electrónica del que esté dotado para ello.

42. d) Todas son correctas.

43. d) Todas son correctas.

44. b) V.

45. c) Reglamentariamente.

46. c) Solo mediante ley.

47. d) 6 meses desde que se inició el procedimiento, entendiéndose, a falta de resolución expresa, desestimada la reclamación del particular.

48. b) Alegaciones, que podrán ser formuladas en cualquier momento del procedimiento durante el plazo de tres días.

49. c) Una vez finalizado el trámite de audiencia, el órgano competente resolverá o someterá la propuesta de acuerdo para su formalización por el interesado y por el órgano competente para suscribirlo.

50. d) Todas son correctas.

51. d) Todas son correctas.

52. b) Habiendo el interesado interpuesto recurso contencioso-administrativo: 1.º No se haya solicitado en el mismo trámite la suspensión cautelar de la resolución impugnada; 2.º El órgano judicial se pronuncie sobre la suspensión cautelar solicitada, en los términos previstos en ella.

53. d) La Administración aceptará de plano el desistimiento o la renuncia, y declarará concluso el procedimiento salvo que, habiéndose personado en el mismo, terceros interesados, instasen estos su continuación en el plazo de quince días desde que fueron notificados del desistimiento o renuncia.

54. c) Cuando las normas reguladoras de los procedimientos no fijen el plazo máximo, este será de tres meses.

55. d) Todas son correctas.

56. a) Ninguno.

57. c) En los procedimientos que impliquen el ejercicio de actividades que puedan dañar el medio ambiente.

58. b) En los procedimientos en que la Administración ejercite potestades sancionadoras o, en general, de intervención, susceptibles de producir efectos desfavorables o de gravamen, se producirá la caducidad. En estos casos, la resolución que declare la caducidad ordenará el archivo de las actuaciones, con los efectos previstos en el artículo 95.

59. b) 30 de octubre de 2015.

60. a) El régimen general de los funcionarios de carrera en lo que sea adecuado a la naturaleza de su condición.

61. a) Eficiencia en la planificación y gestión de los recursos humanos.

62. c) Se podrán dictar normas singulares para adecuarlo a sus peculiaridades.

63. d) El cese de los funcionarios interinos se producirá, además de por las causas previstas en el artículo 63, cuando finalice la causa que dio lugar a su nombramiento.

64. b) Cesa cuando se produzca el cese del Presidente.

65. b) Su designación atenderá a principios de igualdad, mérito y capacidad, y se llevará a cabo mediante procedimientos que garanticen la publicidad y concurrencia.

66. a) A la movilidad en la condición de funcionario de carrera.

67. b) Carrera horizontal.

68. a) Se articulará un sistema de grados, categorías o escalones de ascenso fijándose la remuneración a cada uno de ellos. Los ascensos serán consecutivos con carácter general, salvo en aquellos supuestos excepcionales en los que se prevea otra posibilidad.

69. c) Los de la Cruz Roja Española.

70. a) Exentos.

71. a) Una tasa.

72. c) La tasa es un ingreso de carácter tributario y el precio público no.

73. d) La gestión tributaria corresponde a los Ayuntamientos y la gestión censal y la inspección a la Administración del Estado.

74. d) Enseñanza en los niveles de educación obligatoria.

75. d) Todas son incorrectas.

76. b) Cuando se publique el acuerdo definitivo y el texto íntegro de la ordenanza en el boletín oficial de la provincia o, en su caso, de la comunidad autónoma uniprovincial.

77. a) Recurso contencioso-administrativo.

78. d) Todas son correctas.

79. d) El empresario.

80. b) Derecho necesario mínimo indisponible, pudiendo ser mejoradas y desarrolladas en los convenios colectivos.

81. a) Condición de trabajo.

82. b) Deberá disfrutar del mismo nivel de protección sólo en materia de salud que los restantes trabajadores.

83. b) El coste de las medidas relativas a la seguridad y la salud en el trabajo, no deberá recaer en modo alguno sobre los trabajadores.

84. a) Las Administraciones Públicas, en el ámbito de sus competencias, publicarán los proyectos de Reglamento cuya iniciativa les corresponda.

85. c) La Casa de Su Majestad el Rey en relación con sus actividades sujetas a Derecho Administrativo.

86. c) El Portal de la Transparencia incluirá, en todo caso, la información de la Administración cuyo acceso se solicite con mayor frecuencia.

87. d) Ampliar y reforzar la transparencia de la actividad pública, regular y garantizar el derecho de acceso a la información pública y establecer las obligaciones de buen gobierno que deben cumplir los responsables públicos, así como las consecuencias derivadas de su incumplimiento.

88. d) El Portal de la Transparencia incluirá, en los términos establecidos por una norma de rango europea, la información de la Administración cuyo acceso se solicite con mayor frecuencia.

89. a) Con la supresión de la totalidad de las firmas manuscritas del documento siempre y cuando conste en el documento publicado algún tipo de mención que ponga de manifiesto que el original ha sido efectivamente firmado.

90. c) Sí, en lo relativo a sus actividades sujetas a Derecho Administrativo.

91. a) Este la remitirá al competente, si lo conociera, e informará de esta circunstancia al solicitante.

92. d) La orden de protección a favor de la víctima y, excepcionalmente, con informe del Ministerio Fiscal.

93. a) Fortalecer el marco penal y procesal vigente para asegurar una protección integral, desde las instancias jurisdiccionales, a las víctimas de violencia de género.

94. b) Toda persona, física o jurídica, que se encuentre o actúe en territorio español, cualquiera que fuese su nacionalidad, domicilio o residencia.

95. b) Todas las personas gozarán de los derechos derivados del principio de igualdad de trato y de la prohibición de discriminación por razón de sexo.

96. b) Hacer efectivo el derecho de igualdad de trato y de oportunidades entre mujeres y hombres, en particular mediante la eliminación de la discriminación de la mujer, sea cual fuere su circunstancia o condición.

97. c) La consideración, dentro de la protección, promoción y mejora de la salud laboral, del acoso sexual y el acoso por razón de sexo.

98. b) Ley Orgánica 3/2007, de 22 de marzo.

99. a) Art. 17.

100. b) Directiva 2002/73/CE, de reforma de la Directiva 76/207/CEE, relativa a la aplicación del principio de igualdad de trato entre hombre y mujeres en lo que se refiere al acceso al empleo, a la formación y a la promoción profesionales y las condiciones de trabajo, y Directiva 2004/113/CE, sobre aplicación del principio de igualdad de trato entre hombres y mujeres en el acceso a bienes y servicios y suministros.